别人的教育

BIEREN
DE
JIAOYU

吴琪 陈晓著

寻找好妈妈、好老师、好学校

四川科学技术出版社

图书在版编目（CIP）数据

别人的教育 / 吴琪，陈晓　著 . -- 成都：四川科学技术出版社，2015.8
ISBN 978-7-5364-8152-7

Ⅰ . ①别… Ⅱ . ①吴… ②陈… Ⅲ . ①家庭教育 Ⅳ . ① G78

中国版本图书馆 CIP 数据核字 (2015) 第 173518 号

别人的教育

出 品 人：钱丹凝
作　　者：吴琪　陈晓
责任编辑：牛小红
策划组稿：罗　晓
版式设计：黄志赢
责任出版：欧晓春
出版发行：四川科学技术出版社（成都市三洞桥路 12 号　邮编 610031　传真 028-87734039）
印　　刷：三河市恒彩印务有限公司
成品尺寸：170mm×240mm　　　印　张：14.5　　　字　数：300 千字
版　　次：2015 年 8 月第 1 版　　　印　次：2015 年 8 月第 1 次印刷
定　　价：28.00 元
书　　号：ISBN 978-7-5364-8152-7

本书核心观点

比较中美两国的教育，我觉得中国大中城市的公立教育是非常不错的，不要过于贬低了国内教育。没有一种教育是完美的，你不可能既要求这个目标，又希望达到那个目标。

考试能力不是社会生存能力，不是财富能力，更不是幸福人生的保证书。我们这些同学里最成功的，也不是当时学习成绩最好的。

西方教育鼓励个性发展，东方教育强调遵从权威。虽然中国很多的家长抱怨流水线般的学校教育，但是由于家长们自己在集体主义的教育氛围中长大，免不了在教育理念上追随风潮，被周围人的焦虑、埋怨、竞争好胜的情绪所影响。

真正的好老师不仅自己会念书，更重要的是有思想、有见解、有自信、有互动力、有包容力，有能力让学生们过一种有意义的人生，为所有学生传授知识、技能和良好的价值观。

对幼小的孩子来说，过于严厉的威权，过于丰厚的奖品，都是他们幼小的心灵无法承受和做出正确判断的。

我们希望孩子不要有太多的课业压力，这样他能有更多时间去观察和探索世界。孩子在自由行的游历中获得很多对不同文化的体验，也许这比单纯的知识学习更能激发思考和扩展视野。

国内的老师很负责任，督促孩子进步，教学质量还是不错。家长们不能因为对学校有不满的地方，就说中国的教育完全不行。"杨秋媛是一位40岁的妈妈，在美国生活了近十年。她经常从亲朋那儿听到她们对于中国现在公立教育的抱怨。就杨秋媛在美国送两个女儿读书的经历来说，她觉得美国的公立教育也有着不可忽视的问题。

在国内，教育的竞争很大程度上是家长之间的竞争，家长们抱着良好的愿望，却很容易陷入一种越来越有压迫感的循环。作为家长，我一度想抵制从别的家长那儿传递来的压力，比如小璇的某个同学上英语补习班了，哪个上奥数班了，我不太想知道这样的消息。可是当你周围越来越多的家长给孩子补习时，最终我还是很难扛住这种压力。

一个人学习上是
否聪明，与他在社会上
过得好不好，是不一样的。
虽然社会一直在变，但我深
信，名校和高学历不是唯一的
出路。因此，在我看来，没
必要为此目标付出太多，
顺其自然就好。

学习不
只是一场竞赛，也不
是人生的终极目标，它只是
一个手段而已。家长应该参与
孩子的成长，多与孩子聊天，熟
悉他做的事情和所处的发展阶段。
在孩子小的时候，保护孩子对
知识的兴趣非常重要，也要
让他广泛接触不同的
领域。

在国内学校里
寻求宽松教育，简直是
一个人与整个体系在作战。
一旦把孩子送进学校，一系列围
绕着分数的评比标准，会不断改
写家长判断孩子的标准，家长容
易变得焦虑而急躁，不知不
觉中放弃了自己认可的
教育理念。

成人
对孩子的耐心和宽
容，让孩子感受到尊重，
他会用更合作和更体谅的
态度来回报这种感觉。但
这种以"儿童为中心"
的教育实践其实非
常艰难。

家长应该尊
重孩子的人格和天
赋，成人通过退让，
为孩子留出更多成
长空间。

中国家庭
为了孩子教育，似乎宁
愿付出一切。一些妈妈成天盯
孩子、陪孩子，爸爸对于养育孩子
的责任缺失，在家庭里也没有多少发言
权。有些妈妈独自一人带着低龄孩子去
海外留学，爸爸留在国内挣钱。一些北
上广80后的工薪阶层，拿出家庭收入
的一大半交学费，硬是挤进国际学
校。家长们努力付出，却又为
自己选择的道路感到忐
忑不安。

一个没有爱
好的人，很容易成为一
个浮在生活表面的人，即使内
心非常急切地想成就某样事情，却
缺乏足够的耐心与研究问题的方法。
有着明确兴趣爱好的人，仿若有了一
片自己的小天地，在喜好的领域里如
同辛勤耕种的农夫，自有乐趣。很
多在童年时期培养了兴趣爱好
的人，一辈子的精神世界
都有了依靠。

这一年多的时间里，我们在工作之余断断续续采访了二十多个家庭，她们一部分常年生活在国内，一部分家庭为了孩子教育由北京、广州移居加拿大、美国、澳洲等国家。从她们的切身体会中，我们试图去了解与比较不同的教育体系，试图从中国人的角度来体会不同的教育选择到底意味着什么，让家长们能够根据自身实际，为孩子从容选择最适合的那条道路。

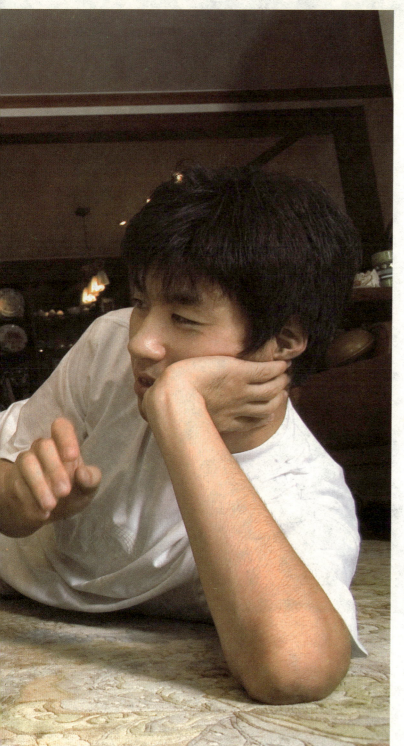

现在的家长，跟我们父母那辈人真是完全不一样了，他们不希望把孩子刻意培养成适应社会的人，而是看重孩子自身的独特性，害怕社会磨平了孩子的特点。

中式教育的不足是什么？我觉得简而言之，传统教育里，一个班级的学生太多，除了以班级为核心坚持集体主义，根本无法管理，很难开展个性化的教学方式，国际学校班额少，学业上不追求标准答案，因材施教不敢说，尊重学生个体可以实现。但是真要说到一个人是否成功，很难说是某种教育体制能保证的，莫言作为一个农村的孩子，也谈不上受过多么好的教育，还得了诺贝尔奖呢。

对于家长来说，比起在生活上无微不至照顾孩子更重要的，是对于孩子脾气习性、禀赋兴趣、志向与能力的观察和引导，是父母和孩子一起进行的一场人生修行。

养孩子的动机不单是为了给社会培养一个人，而是享受我和孩子 18 岁独立之前共处的时光，这是我生活中非常重要的一部分。孩子的成长不是说家长选一条最优化的道路，然后设定好自动程序，他这一生就会很顺了。

去中国学校、国际学校，还是双语学校？什么才是真正的双语学校？英式的和美式的，哪个好？中文到底有多大用处？国内的应试教育，我的孩子能受得了吗？国际学校是不是成天玩儿，数学是不是太简单？他们怎样才既不成为狭隘的中国人，又不成为狭隘的美国人？

孩子是否成才，基因与家庭教育的作用也非常强大，社会没有必要过于夸大学校教育的作用。孩子能够快乐自信，比什么都重要。

"人生会有很多挫折，很多意想不到的磨难，我希望孩子长大后是一个幸福感指数很高的人，即便未来只挣很少的钱，或者遇到很大的打击和困难，但他的嘴角还能有一丝微笑。"Funny 用一个艺术工作者的浪漫来描述她认为孩子成长最需要的能力——抗打击能力。

目 录
Contents

序·中国式父母的焦虑圈套

1 / 第一章 我们的学校教育怎么了

每个孩子从出生之日起，就有着自己独特的长相、性格与脾气。人世间没有两片脉络一模一样的树叶，也没有两个禀赋与习性一模一样的孩子，这是造物主赋予每个家庭的欣喜。然而中国的学校教育注重统一的标准和效率，孩子们性格中那些不符合统一法则的凹凸有致的特点，被学校这部机器无情地删减。或许，这也成为以个体为对象的家庭教育与注重整体的学校教育之间必然产生的差异和矛盾。

31 / 第二章 别人的教育真的更好吗

"七零后""八零后"家长们看世界的方式变了，他们对孩子教育的需求也变了。然而改革开放三十多年来，教育是我国极少数仍保留着高度计划经济特色的领域。这就使得我们忍不住去探寻，别人的教育是什么样的，别人的教育到底好在哪里？

67 / 第三章　国际学校成为风尚

如今的家长们，对教育有了更多的选择权，所以当他们发现统一的传统学校难以满足自己的要求时，不少人把目光投向了国际教育。近五六年来兴起的国际学校热潮，大有愈演愈烈之势。对于一些没有能力或不愿意移民的家庭来说，中国的国际学校给了他们一种接近西方教育的选择。

99 / 第四章　移民家庭的西式教育实录

在一个人的成长过程中，没有任何人能否认教育的重要性，可是又没有任何一种学校，能够保证培养出来的学生都是一样的优秀。当我们为孩子选择学校的时候，为孩子上学大费周章的时候，容易忽视学校教育只是整个教育中的一部分。

似乎一旦做了父母，你便成为了某种意义上的哲学家。

你学着将曾经内心高远的自己，变魔法般地在一堆屎盆尿布中试图培育出孩子莲花般洁白的未来。

孩子这种爱的托付，容易让父母重新打量自己的生活境况：你本来对空气质量从来不关心，现在醒来第一件事情就是查污染指数；孩子快上幼儿园了，你担心他（她）被人家的孩子欺负，担心老师对他（她）不够好；孩子成为小学生了，你担心学校的教育方式太老套，孩子被管得太严；等到他（她）上中学了，你琢磨着要不要把孩子送出国留学……

我和我的同事陈晓，随着各自的孩子的成长，对于教育这个话题开始着迷。陈晓是一个瘦小的川妹子，她给我的印象是从不在意生活中的细节，内心气象很大，却因为儿子的出生，性格中附着了一种纤细敏锐的情感。我也是个神经大条的人，女儿出生后，我发现自己多了一种与世界连接的方式，也多了一根丈量人生的标尺。我从不认为自己是个脆弱的人，却因为对孩子的爱怜，性格不再像以往那样刚硬了。

我们人生中曾经懵懵懂懂、跌跌撞撞、被激励或被否定的过往，在自己亲身经历时并不以为意，可是想到怀里弱小的生命也将面对人生起伏，不禁会对周遭的环境升起一丝警惕，甚至自己都难以察觉的敌意：我的孩子会过得好吗？社会会接纳他（她）吗？别人会像我一样去对待他（她）吗？我们考虑得越多，就越是发现成长的不可确定性，焦虑不可避免地浮现。

在我们因为写这本书而访问了一些父母之后，我们更是发现，教育焦虑症在中国如此普遍。太多的父母，就像慌慌张张的小蚂蚁一样，背负着比自己体重还要大几倍的焦虑。中国当下社会生活的重重压力，使得家长们缺乏安全感。一味付出的中国式父母，又总认为孩子必须接受自己所有爱的托付。随着现在中产阶层大量崛起，当父母们觉得自己的人生已经定型时，不少人把希望放在孩子身上，希望他们能往上再冲刺一个社会阶层。中国很多的公共政策中，个体能发言的空间小。比较而言，教育既是一件大事，又是每个家长自己可以选择的事情。一个人对社会的表达和映射，如果在某些方面被堵住了，就会把更多精力和热情投入到"缺口"上，目前教育在很大程度上充当了这个"缺口"。

我所在的《三联生活周刊》曾经做了几个有关教育的封面报道，其中一个主题是《育儿焦虑症》，一个是《非主流成长》，一个是《别人的教育》。这些报道引起了很大的社会反响，家长们被我们戳中了痛点。焦虑的养育中，越来越多的人在寻求背离传统的方式，也有越来越多的家庭在关注西方的教育方式。可是在对每一条新的教育方式的探寻中，家长们又会遇到各式各样的新问题。

今天，当我和陈晓专门写这本书来讨论教育问题时，我们既是家长中的一员，又希望能以记者的角度，超脱于身为母亲的角色，来观望一下：这几年中国父母的教育理念为何受到如此大的冲击？中国传统学校的教育模式出问题了吗？西方的教育真的优于我们吗？家庭教育对孩子有多么重要，我们父母能做些什么吗？当父母过于焦虑时，需要改变的是孩子还是父母？一些父母几乎将所有的注意力只是投射在孩子身上，疏于经营夫妻间的情感，孩子的教育应该在家庭生活中居于何位呢？

在段明辉、李锰等朋友的介绍下，我们为写这本书采访了20个左右的家庭，几乎所有家庭都是妈妈在为孩子的教育问题操心。她们绝大部分受过良好的高等教育，家境优越，多数同时也是优秀的职业女性。她们把自己称为"幸运的对生活有选择权的人"，这种选择包括对孩子教育方式的选择，她们可以选择去国外生活或是留在国内，让孩子读公立学校或是国际学校。她们代表了中国已经崛起的中产阶级家庭，对于教育的不满、迷茫、探索、反思与总结。不少家庭对于中国陈旧的学校教育感到不满，可是一旦脱离既定的公立学校系统，她们又在良莠不齐的国际学校与留学机构之间徘徊。这正如一位妈妈形容自己的感受，"公立学校好比一辆超载的公共汽车，虽然破旧不堪，可是它有明确的路线和目的地，能够把绝大多数人送达终点。让孩子上国际学校或是去海外留学，好比另辟蹊径，你一旦离开了公立教育的怀抱，就会离这条主流道路越走越远，压力会越来越大，好比独自去探险"。

我们眼下正处在社会的快速变革期，学校教育作为一种流水线上的供给品，已经越来越难以满足中国家庭多元化的需求。不少对于公立教育感到不舒适的家庭，发觉自己好像走在一条黑暗隧道中，她们试图燃起火把走出隧道，去照亮一下自己曾经没有勇气去观望的世界。她们开始关注其他国家、其他文明中教育子女的方式，他们不希望在社会快速变化之后，孩子们还在接受自己二三十年前的学校教育。

　　这本书通过讲述不同家庭的教育故事，希望使得更多家庭在为子女选择教育方式的时候，能够有所借鉴。也希望那些开始探索自家孩子教育道路的家庭，在这本书里找到同伴，宽慰自己并不孤单。教育从来没有统一答案。对于家长来说，比起在生活上无微不至照顾孩子更重要的，是对于孩子脾气习性、禀赋兴趣、志向与能力的观察和引导，是父母和孩子一起进行的一场人生修行。这场修行对于亲历者而言，可能畏惧于路途的崎岖与前景未明，但它们也极有可能成为父母与孩子共同创造的最精彩的章节。

吴　琪

第一章

我们的学校教育怎么了？

每个孩子从出生之日起，就有着自己独特
的长相、性格与脾气。人世间没有两片脉
络一模一样的树叶，也没有两个禀赋与习
性一模一样的孩子，这是造物主赋予每个
家庭的欣喜。然而中国的学校教育注重统
一的标准和效率，孩子们性格中那些不符
合统一法则的凹凸有致的特点，被学校这
部机器无情地删减。或许，这也成为以个
体为对象的家庭教育与注重整体的学校教
育之间必然产生的差异和矛盾。

导言：教育作为社会必需品，它属于中国少数开放不够、竞争不足的产业。尤其是义务教育，统一的教育标准已经很难满足中国家庭以及学生个人的多元化需求。我们所处的社会里，其他领域越开放，就越显得义务教育领域如平原上垒起的城堡，防卫森严，高墙林立。

"育儿焦虑的高发群体存在于只有一个孩子，或者第一次做父母的人。更多孩子的出生，会削减父母的忧虑。和多子多孙的前辈人相比，只有一个或者两个孩子的父母会更长久地沉溺于育儿焦虑中。"美国育儿方面的临床医学家戴维·安德雷格的研究结论，已经成为一个世界性的话题。从欧美等发达国家来看，越来越多的家庭选择只要一个孩子，新手父母的焦虑感明显增强。而随着中国独生子女一代开始生儿育女，喂奶、添辅食、早教、择校……养育孩子的每一个阶段，都能够看到父母们的无限焦虑。

什么是育儿焦虑症？"如果你没有孩子以外的生活，或者当你的孩子出了一点小问题，比如磕破头皮，和别的孩子发生一点口角和争执，你就处于高度紧张状态，无法承受一点意外发生，你可能就是这可怜又可厌的家长中的一位。"而沉溺于焦虑泥潭，过于儿女情长的父母，都被研究者定性为弊大于利。他们比放任的父母更加毁坏孩子的未来——伴随焦虑而来的过度控制，不仅毁掉孩子之所以为孩子的生活乐趣，还会毁坏他长大成人的能力：比如自信、独立、忍耐力。过于苦口婆心的父母被社会学家们总结为"失去自己人生目标的人"，"通常人们说到对孩子的担心时，他们是将自己对人生的恐惧移情到了孩子身上"。

中国绝大部分家庭只有一个孩子，这种"第一个孩子照书养"的爱惜之情，使得养育变得格外谨慎。从备孕开始，"七零""八零"后家长们，发挥出当年备战高考的劲头，在论坛里、书本上、朋友圈里认真研习每一个需要注意的步骤，仿佛是奔着生产一台精密仪器的架势而去。小孩还没到三岁，一些父母就已经焦急地把孩子幼儿园、小学、中学之路规划好了。看到朋友送孩子去国外留学，自己就难免焦急：我是不是在给孩子最好的教育，我付出的是不是还不够多？

"七零""八零"后的家长们，与自己的父辈们不一样，这些二三十岁的年轻人赶上了中国社会近年来的人口大迁徙，不少人通过个人奋斗进入了城市的中产阶层，他们不惧折腾，从崇尚欧美的化妆品、蓝天白云到崇尚起欧美的教育，希望孩子比自己年少时眼界更开阔、英语更标准、更具有世界公民的潜质。过去三十多年膨胀起来的个人财富，使得不少家庭为了孩子的教育，有能力去做更多选择。

教育作为社会必需品，它属于中国少数开放不够、竞争不足的产业。尤其是义务教育，统一的教育标准已经很难满足中国家庭以及学生个人的多元化需求。我们所处的社会里，其他领域越开放，就越显得义务教育领域如平原上垒起的城堡，防卫森严、高墙林立。家长个人对于义务教育的呼吁和反馈，往往如小石子投入大海，激不起多少浪花。一些茫然而不甘的家长们开始离开教育大道，去寻觅可能更适合自己孩子的羊肠小径。近些年来低龄留学、国际学校的持续升温，一批家庭开始探路，去寻找能够结合东西方文化的最佳教育方式。而家长们寻找新教育方式的起因，基本都源于对眼下学校教育的困惑。

调皮孩子的家长不好当

导言："自孩子出生之日起，他其实就是独立的生命个体，拥有造物主赋予所有智能生命的创造性与自主性。而充当对这一智能个体进行引导和教育的家长和学校，必须在对个体也就是孩子进行细致入微观察的基础上，因势利导，才能将这一智能生命的潜能尽可能地激发出来，并朝利好的方向发展。

或许，这也成为以个体为对象的家庭教育与以整体为对象的学校教育必然要产生的差异与矛盾。"

这是一位叫做刘咏秋的妈妈讲述的故事。刘咏秋和先生陈占杰都是新华社记者，2009 年我去斯里兰卡做采访，结识了当时派驻在那儿的热情好客的这家人。由于工作关系，刘咏秋夫妻俩先后带着儿子陈江旋在北京、斯里兰卡和希腊接受学校教育。陈江旋是个十分早慧的男孩，博闻强识，喜欢问成人式的问题，可是他在北京经历的启蒙式学校教育却成为整个家庭的不愉快经历。在刘咏秋看来，中国的学校教育以群体为对象，并不看重每个孩子的个性发展。学校教育好比流水线上的机器模子，孩子性格中凡是不符合统一模子的枝枝杈杈，往往会被硬生生地剪切掉。

学校教育和家庭教育的矛盾，从我儿子 3 岁上幼儿园时就逐渐显示出来。但当时一是初为人母，对中国的幼儿园教育缺乏了解，二是作为生活在北京的双职工、双外地，除了把儿子送幼儿园外，我们别无选择。

儿子有点早慧，我们从来没有特意教过他认字，但在 3 岁上幼儿园之前，他已经认识两三千汉字、能读不少书了，有些幼儿园老师不认识的字也拿来问他。比如，有一次，老师不知道"梦魇"的"魇"该怎么发音，问了儿子，又去查了字典，当发现儿子读得准确无误时，事情很快传遍了幼儿园，儿子成了个小"神童"。

但这却给他惹来了麻烦。因为整个中国教育体制，就是幼儿园时教小学的内容、小学教中学的内容、中学教大学的内容、大学则什么都不学，因此要求孩子守纪律、听话的幼儿园生活对儿子毫无吸引力，精力旺盛的他开始"捣乱"，包括往老师的水杯里倒花露水之类"出格"的举动，其实儿子只想知道水与花露水混合，到底会产生什么结果。但幼儿园老师可没心思管这个。

幼儿园里没有那么多可读的书，而他提得最多的要求就是要书读。老师被吵得不耐烦了，顺手递给他一张《新华每日电讯》，而他竟然津津有味地读起来。因此，儿子恐怕成了全中国唯一一个朗读《新华每日电讯》的孩子。

我们犯的最大错误恐怕是送孩子上全托。日托的时候，孩子回到家里，还可以放松下来，和我们有一些交流；全托尽管每周接回家两次，但每周一、周四送他上幼儿园的班车时，他都大哭大闹，仿佛是上屠宰场，这对他和我们来说，都是心灵的煎熬。

更煎熬的是每次接儿子的时候，老师一成不变的对儿子的负面评价；同时儿子非常敏感，每次老师告状的时候，他那种欲辩不能的表情，让做母亲的我时时有万箭穿心的感觉。

2003年"非典"期间，儿子不用去上幼儿园了，他过了一段自由自在的日子。但我们发现，一向动作灵巧的他变得有点笨手笨脚，而且胳膊上还有伤痕。晚上，儿子会咬被角甚至啃自己的小床。经过进一步了解，我们发现幼儿园的老师体罚孩子。然而我们跟幼儿园交涉的结果是幼儿园根本不承认有什么错，而是要求儿子走人，冠冕堂皇的理由是"你们儿子太聪明，我们教不了他"。

所以儿子上小学前的最后半年是在一个实验幼儿园度过的。这所幼儿园给他的童年生活画上了一个还算圆满的句号，但总体来说，整个幼儿园的教育，无论对他还是对我们，都留下需要很多年才能弥合的心伤。这为我们后来的所有选择埋下了伏笔。

费了不少周折，2004年9月儿子高价进了北京最好的小学之一。由于幼儿园时经常被老师说"你这样淘气上不了小学"，儿子对小学生活其实心存畏惧。也因幼儿园的经历，做母亲的我花费更多的时间与老师进行沟通，尽量在家庭教育与学校教育之间搭起一座能减少鸿沟的桥梁。所以，整个过渡还算顺利，儿子接受能力很强，学习不成问题；周末我则带他和另外几个孩子一起，安排各种主题活动，包括寻访太阳钟，并在学期末时排演了一出小话剧，在学校演出。

当然，"插曲"还是有的。比如有一次，正在上班的我突然接到学校电话，说"你们家儿子打人了"。我立刻放下手里的工作，冒雪打车，近两个小时从工作的地方赶到学校。结果发现，被"打"的孩子只不过额头上有一点小白痕。但学校不愿承担任何责任，我亲自打电话给孩子的家长道歉，第二天又买了两大袋糖果，一袋给被打的孩子，一袋给班上同学，以求息事宁人。

名校孩子成人化

这位叫菲菲的妈妈，在北京一家外企工作，为人十分温婉，但是提到儿子的教育，便显得迷茫焦虑。她的儿子曾在北京一所大名鼎鼎的公立小学读了四年，但菲菲发现整个学校就是一个现实社会的缩影：家长们有权有势，学校非常看重家长的背景，孩子们的举止早早就被成人化。她认为学校应该是个让孩子保持童真的殿堂，但是现实离她的设想有点遥远……

2008年，我的儿子到了上小学的年纪，我们托人进了北京某某小学。进去之后才知道，这里很多学生的家庭非富即贵。在学校的宣传照里，那些站在前边的孩子肯定是家里有背景的，没背景的孩子永远在照片里做背景。我发现一年级刚刚入校的孩子们，脸庞都是很天真的，但是等到他们6年学下来，天真就从他们的脸上消失了。

我儿子的班上有45个学生，这些学生的家长里有超级富豪、大官、知名学者、行业领军人物等。孩子刚刚进校，学校就要求家长填一份家庭情况调查表。这在中国的公立学校十分常见，我们上学的时候也是这样，这个惯例几十年不变。可是这样做的结果是，老师很容易戴着有色眼镜看孩子。本来小学低年级的孩子之间能力差别不大，可是老师非要强调和制造这种差别。比如选三好学生的时候，老师会在介绍每位同学之前评价几句，这几句评价对学生能否当选非常重要。孩子们早早就得学会"听话听音"，能分辨出老师这几句评价的言外之意。

这所著名小学的学生们能参加特别多的高规格活动，比如在人民大会堂演出、去机场给外国领导人献花等。这也是很多家长喜欢这个学校的一个重要原因，他们认为孩子从小就有不一般的见识，结交到的也是不一般的同学关系。但是当家长们在乎这些所谓的荣誉时，就会变得非常累。今天的电视节目是哪几个小朋友参加了，明天的活动是谁去献花，下次表演谁是主持人……孩子们也生活在各种比较当中，负担着原本不应该有的压力。回想我自己小时候，同学间的家庭环境差别不大，学校和社会风气都不像今天这样功利。今天的小孩很早就知道家庭地位的重要性。

　　在这样的环境中，孩子们小小年纪就显得很成人化，比如学校的节目表演，两个主持的孩子弄得像中央电视台主持人一样，从表情、笑容、咬文嚼字都非常模仿成人，很不放松。

　　这种竞争使得家长们忍不住去巴结老师，我很不喜欢这种感觉。有一次我儿子的班主任发了一个微博，问家长们谁愿意做家长代表？我看老师发了两天都没人理，觉得不太好，就回复了一条，问老师做家长代表都有哪些职责？五分钟之后班主任就给我打电话了，说："你来做家长代表吧，很简单，没什么需要操心的。"

　　一个多月之后，学校组织家长代表见校长，让家长们给学校提提意见。我还挺激动的，在网上发帖子问家长们有什么需要我反映的。校长见面会上，很多家长代表都是在表扬学校，我发言时也向学校表达了谢意，然后把我收集到的家长们的意见提了出来。散会之后，我就接到了班主任的电话，她的语气一听就很不高兴，说了几句让人很不舒服的话，言下之意是你不要乱说，不要给我添麻烦。我当时就像吃了一只死苍蝇一样难受。家长委员会不就是应该向学校表达家长们的真实想法吗？如果大家都只是说些冠冕堂皇的话，这样走形式还有什么意义？

要说起来我也并不是对这所小学不满，而是对国内的这种教育体制不认同。孩子在种种压力之下，很难建立自信。孩子经常做卷子做到夜里十点多，不写完不敢睡觉。我儿子和他绝大部分同学都近视了，我儿子的近视每年增加一两百度。学校对考试分数极其看重，因为有不少孩子考试是98、99分，所以当我儿子考了92分时，给人的感觉是"怎么又考砸了"。这种感觉让我们家长和孩子总是感到沮丧。

老师用考核控制孩子 学生们战战兢兢

Hedy 妈妈是一家外企的管理人员，漂亮干练。她是一个典型的中国教育体系下培养出来的"好学生"，总是尽最大的努力去达成最高的目标，理性勤奋，是个完美主义者，很难彻底放松。Hedy 妈妈原本让女儿进入了北京一所不错的公立小学，Hedy 在学校成绩好，是传统教育考核下让老师比较满意的学生。但是 Hedy 妈妈发现，学校时时刻刻将学生们置于一套比较体系的做法之内，给孩子戴上了并无公平可言的"紧箍咒"，不利于一个独立个体的养成。

传统学校一个班有几十个孩子，老师没有精力去考虑学生的个性或特长。老师要求每个小孩都整齐划一，这点传统学校几乎没办法克服，因为国家、教委用一套标准考核学校，学校就得有一套细化的标准考核老师，然后老师们再用各种办法管理和考核学生。

比如我女儿班上，班级后边的黑板上画了很多苹果树，"苹果"的数量代表孩子的表现情况，表现不好的话老师就摘掉这个学生的"苹果"。每个人都有一棵树，根据每人表现而增减"苹果"，比如谁因为上课说话了而被摘掉两个"苹果"。我感觉孩子每天不是奔着学东西去上学的，学习一般是不重要的，她每天都面临着怎么讨好老师，怎么不被罚的问题。我女儿读三年级下学期的时候，学校发了一个单子，这个单子是一个民主调查，让每个小孩如实填写：你喜不喜欢你的班主任老师，你喜不喜欢你的各科老师，他们有没有占用你美术课或者音乐课的时间。

可是绝大多数孩子们不敢写真实想法，因为老师说"我认识你们每个人的笔迹"。我女儿班上有个小男孩就属于经常被管的那种类型，他就写下了不喜欢老师，我女儿回来说，老师一边翻每个填的意见，一边就拿眼睛瞅那个男生，非常生气的样子，当天晚上就叫去了这个学生的家长。我听女儿描述这件事情，非常沮丧。我们从小就教育孩子诚实，撒一点谎我们在家就会很严厉地批评她，而现在在学校里，孩子连诚实都学不到。我就觉得中国都快速发展了30年，如果孩子们在学校里连真话都不敢说，我们的奋斗都没有意义了。如果孩子需要看人脸色才能说话，我们这一代奋斗的意义何在呢，一想到这些，我觉得特别低落。

我女儿学习成绩不错，可是在学校里也总是感受到来自老师的压力。老师可以今天给她戴"两道杠"，明天因为她取饭的时候跑了几步，给她拿掉这"两道杠"。我女儿从读一年级开始，中午吃饭是不准说话的，我觉得这样有些严格了。咱们大人中午吃饭的时候可以跟同事聊聊天，为什么这么小的孩子中午吃饭时不能相互谈谈话？老师发动学生们互相监督，给每人发一张白纸，让他们写上看到谁说话了。这样的结果是，学校里的每个小孩都在那儿互相盯着对方，后面盯前面的，左边盯右边的。

我女儿当过班长，老师如果说哪个同学特别不好，会让班长把这个同学的桌椅搬到走廊上去。再比如说学校走廊的地上，大约是六七块砖的宽度，老师只让学生走中间三块砖，怕学生走路会不小心擦掉墙上的黑板报。如果哪个同学走到"三块砖"的宽度以外了，也需要班长记下来，报告老师。这样弄得我女儿压力就特别大，她是一个很随和很开朗的孩子，她就觉得这种监督的事情她做不来。一二年级的时候别人就说我孩子眼睛特别亮，可是慢慢地就在变浊。孩子每天都在那儿数自己有多少"苹果"。老师高兴就多给你点，不高兴就少给你点，弄得孩子压力很大，过得很累。

分数决定一切 家长跟风报补习班

小璇妈妈因为工作关系，在女儿读完小学三年级后，全家搬去了澳大利亚。小璇妈妈曾经是个典型的中国式家长，为了女儿成长，不惜投入大量的金钱和时间。既督促女儿学习成绩好，也让她培养出了艺术方面的特长。现在小璇已经15岁了，是一个高挑自信的少女，在澳大利亚的教育方式下过得十分开心，不能再接受国内严苛的教育方式。这也是一部分移民后的华人家长所担心的：孩子一旦习惯西方宽松平等的学校教育，中国式的家庭教育往往不起作用了。家长再想强迫孩子学习或是报各种特长班，会遭到孩子的抵抗。

在对比了中西两种教育体系后，小璇妈妈说，如果再养一个孩子，她一定会用放松得多的方式。对于新手妈妈而言，往往是头几年觉得孩子有无限可能性，特别怕耽误了塑造孩子的好时光。很多妈妈热衷于在育儿群里探讨各种招数，不自觉地弄得家长们的攀比之心越来越重。随着孩子逐渐长大，小璇妈妈觉得，孩子是否成才，基因与家庭教育的作用也非常强大，社会没有必要过于夸大学校教育的作用。孩子能够快乐自信地成长，比什么都重要。

在国内的时候，我给女儿小璇挑了所很好的学校。为了进这所学校，6岁的孩子，硬是被老师整整面试了一个上午，考孩子语文、数学、运动等等。

小璇在这所小学读了3年，我和她对国内学校留下一个强烈的印象：成绩是我们的教育体制评价孩子的唯一标准。如果成绩不好，这个孩子别的方面发展得再好都没用，一样被老师同学看不起，似乎一无是处。

小璇或许因为是女孩子的缘故，对这些问题很敏感，总是会跟我嘀咕，觉得不公平。孩子的不公平感，会影响她对社会和他人的信任，如果学校给予孩子这样强烈的不公平感，即使能让孩子成绩好，这种教育结果也是比较失败的。

小璇已经是成绩好的孩子了，总的来说从老师那儿得到的肯定比较多，可是她觉得学校生活不公平。对于那些成绩不好的孩子，我觉得压力肯定特别大，他们会生活在一种不友善的、总是被否定的氛围中，因为国内学校评价孩子的标准一直没有变，就是成绩决定一切。

我觉得自己是一个有些粗放的妈妈，跟那些事无巨细的全职妈妈相比，我对孩子的教育管得不够细。可是跟西方大多数洒脱的妈妈相比，我也算是为孩子教育操了不少心的妈妈。我给小璇选了一个每月收费5 000元的幼儿园，那是十几年前，每月5 000元算是很大的支出了。幼儿园里有钢琴课，小璇就从那时候开始，一直坚持学着钢琴。她喜欢芭比娃娃，看了动画片之后想学芭比去滑冰、跳霹雳舞，我就给她报了班去学滑冰、跳舞。学习英语也很重要，所以我也给她报了英语班。我曾算过一笔账，孩子那时每年学滑冰2万~3万元，学钢琴一年几千元，学舞蹈一年2 000多元，学英语一年1万多元。孩子小小年纪就变得非常忙碌，根本没有自己的时间。可是比起那些更努力的家长，我觉得自己对孩子管得还不够。

小璇读小学二年级时，老师要求学生们报奥数班，我也给她在外边选了一个班。孩子们坐在教室里上课，家长们坐在教室后边一起听，这样万一孩子跟不上，或者遇到不会做的题，家长能够指导孩子。小璇的学习成绩比较好，奥数的成绩也不错，做题也有开心的时候。可是哪个孩子不想多玩玩，所以每次带她去上课，她都非常不情愿。

在国内，教育的竞争很大程度上是家长之间的竞争，家长们抱着良好的愿望，却很容易陷入一种越来越有压迫感的循环。作为家长，我一度想抵制从别的家长那儿传递来的压力，比如小璇的某个同学上英语补习班了，哪个同学上奥数班了，我不太想知道这样的消息。可是当你周围越来越多的家长给孩子报补习班时，最终我还是很难扛住这种压力。

我这样的家长都抱着一种心态：别的孩子都在外边报补习班了，老师也要求孩子上补习班，万一补习班教的内容，学校考试考到了呢？那就不是我家孩子是否聪明的问题了，而是她根本就没有学到这样的内容。家长给孩子报补习班，很多时候是一种自我安慰：我给孩子该补的都补了，我尽力了，以后孩子就算成绩不好，我也不遗憾。可是如果我没给孩子补，万一耽误了孩子，那错过了眼前这个时机，以后后悔就来不及了。所以那些上奥数课的孩子的家长们，一大半都认为孩子以后不会当数学家，甚至不是学习数学的料，也照样补习。

在国内坚持宽松教育有多难

虽然中国的不少父母都将"名校""培优"这样的字眼看得特别重要，但是也有一些不愿意在教育上随大流的父母，希望给予孩子独立宽松的教育环境。通过朋友介绍，我认识了移民到加拿大不久的 Jenny，对她进行了电话采访。我原本以为他们夫妇抛弃北京优厚的工作，是为了给孩子实施更为紧密的教育计划。出乎我意料的是，他们移民是为了给孩子寻找一个宽松的教育环境。

Jenny 夫妇都是北大毕业生，他们反而认为学校教育不那么重要，他们希望孩子成长在一个宽松自由的社会氛围中。可是从他们的切身体会来看，在国内学校里寻求宽松教育，简直是一个人与整个体系在作战。一旦把孩子送进学校，一系列围绕着分数的评比标准，会不断改写家长判断孩子的标准，家长容易变得焦虑而急躁，不知不觉中放弃了自己认可的教育理念。这次采访到的有一个细节也让我吃惊，北京的绝大多数小学，课间是不让学生出教室的，怕学生出安全事故。而一些学校甚至在厕所地面贴上脚印标志，学生们只能一步步踩着这些标志进厕所。中国公立学校大锅饭式的教育方法，与高速运行了 30 多年的商业社会，越来越显得脱节。

五年前，我儿子 Harry 到了上小学的年纪，作为父母，我们没有追逐所谓的名校，而是选择了北京一所普通小学。

我和我先生都是北大毕业的，都认为是否上一个最优秀的大学，对后续人生并没有决定性影响。每个人有自己的智力水平，如果他不是某个层面的人，即使是通过增加学习时间或其他方式而进入另一个学习竞争环境，他也会和周围的人有差距，在这个差距中有些孩子就会不自信不快乐。所以我们并没有要求孩子必须是出类拔萃的，他只要做自己就好，我们也不需要他来完成父母的人生梦想。

我生长在北京一个很普通的工人家庭，小学上的是一所很普通的学校，周围没有一个人上过大学。但是我从小读书就很轻松，考上了当时全市排名第一的高中。当我兴高采烈地把这个消息告诉小学班主任时，她甚至表示没有听说过这所学校。那时，我的初中同学很多上了技校、中专，现在做会计、酒店管理等工作，不少人过得很不错。

我考试比他们出色，后来考上了北大，但我从不觉得自己就高人一等，考试能力不是社会生存能力，不是财富能力，更不是幸福人生的保证书。我们这些同学里最成功的，也不是当时学习成绩最好的。

一个人学习上是否聪明，与他在社会上过得好不好，是不一样的。虽然社会一直在变，但我深信，名校和高学历不是唯一的出路。因此，在我看来，没必要为此目标付出太多，顺其自然就好。

可是在国内高度竞争的环境下，坚持自己的观念是困难的。很多时候，我们想减少社会压力对自身行为的干扰，但这真的很难。我们也常常怀疑自己这样的思考和行为是否正确，会不会耽误了孩子的未来。

像我们这样放养孩子的教育方法，在朋友圈里也算是异类了。我们周围的朋友都努力让孩子上名校，他们的孩子多少都有些特长，而 Harry 什么特长班、学习班都没上，周围的很多人都觉得不可理解。

在周围几乎所有父母都在给孩子加压的时候，我发现坚持宽松的教育方法，在某种程度上让孩子变得有些孤单。我儿子小的时候，周围还有一些同龄的玩伴。他们一见面，就开心得大叫，然后疯跑着去玩各种游戏，欢乐洋溢。读幼儿园大班时，情况就开始发生变化，他周围的同学几乎都去上各种学习班了，比如主持、朗诵、英语、识字等。

刚开始 Harry 还能跟比自己小一两岁的孩子玩。等他再大一点，他在小区里真的就找不到玩伴了，其他孩子都在上各种补习班、兴趣班、做各种各样的作业。

Harry 是一个偏内向的孩子，比较容易感受到压力，所以我们都希望他在一个宽松的环境中长大。在小学报名时，我们去的 H 小学非常普通，孩子的家长有不少是做小生意的外来居民，或者是极为普通的劳动者。我觉得他们很淳朴，也很看重孩子的教育。Harry 能在这样一个环境中成长挺好。

我们希望孩子不要有太多的作业压力，这样他能有更多的时间去观察和探索世界。孩子在自由行的游历中获得很多对不同文化的体验，也许这比单纯的知识学习更能激发思考和扩展视野的能力。

平均每年，我们会带儿子旅游两次，有时候会向学校请假一个月。儿子的班主任是语文老师，她教学水平很好，也理解我们对孩子的态度，会很顺利地准假。但是数学老师会表示担忧，因为不少老师很看重孩子的分数，自己也有考核压力，非常不愿意学生请假，怕影响总体成绩。

我们的无奈

在国内的公立学校，有一点是非常明确的：学习是孩子的唯一出路。如果一个孩子学习成绩差，在公立学校是非常难获得宽容和尊严的。

在这种氛围的影响下，其他孩子也会以老师的喜好和评价标准来形成自己衡量他人的标准。好在 Harry 学习成绩好，是那种比较听话的孩子，他对公立学校的体制还是比较适应的。

但是竞争的压力无处不在，学校会在每个学年的末期，用直接或间接的方式劝退学习最差的学生。儿子班上总会有一个被老师定性为"最不好"的孩子。

小学生的价值观很容易受老师影响，老师如果孤立某个孩子，其他同学也很容易孤立他。可是，在某个所谓"最不好"的孩子离校后，就自然而然冒出来另外一个"最不好"的孩子。这是一个永不停止的"游戏"。

这些被劝退的孩子到底去了哪里，我们也不再知道。在公立学校的体制里，一个成绩不好又不守规矩的孩子，真是很难获得友谊和尊重。

北京绝大部分公立小学，课间是不让孩子出教室的，怕孩子出安全问题。学校也不会直接禁止学生去操场。但是老师会要求：学生如果要去操场，要么走路，要么围着操场老老实实地跑圈，不可以追跑打闹。

孩子们觉得只走路或围着操场跑圈很傻很无聊，所以也就不愿意去了。于是课间孩子们就在教室里玩，可是老师只让孩子们玩"安静文明"的游戏。

有一阵 Harry 和同学们喜欢叠青蛙，叠完了之后要比谁的青蛙跳得远，老师觉得这样孩子们会很激动，又喊又叫，也可能撞到东西，明令禁止了。

　　经过几轮不同游戏的尝试，最终孩子们玩起来一种叫"波波仔"的游戏，有医生系列、外星人系列等，这个游戏在小学生里流行很广。他们一说到某个系列，就围成一圈，同时叉腰同时伸手，做出一系列动作来比试，还可以完全不发出声音。孩子们很高兴地玩，但我看了觉得很悲哀，本来孩子们处在最活泼的年纪，却连基本的天性都给限制了。可是从学校的立场来说，这也是无奈之举。

　　除了几个非常有名的学校比较强势，能够另设机制外，其他的学校都在各种考核压力下，在没有相应机制保障的时候，选择了最安全的管理方式，尽管这种方式是不符合孩子天性的。

　　虽然我们家长不想给孩子压力，可是难以抵挡大环境对孩子的影响。我儿子到了小学三年级末期，随着考试的临近，主课老师占用大量的时间，甚至是眼保健操时间和课间休息时间，让孩子猛攻考试的科目。

　　几周下来儿子的视力迅速下降。也许长期缺少户外活动，已经使得视力不好，而密集的题海战术，更加速了这个过程。Harry近视这件事情对我来说触动非常大，因为我们一直希望他轻松的成长，不给他报任何补习班，也不让他过度学习。但社会的压力依然雕塑着孩子，影响着他们的价值观，影响着他们的身体健康。

　　我们能够抵挡住家人给他的压力，可是实际上我们抵挡不住整个社会给孩子的压力。有时候，想选择一种成长环境，并不简单是选择一个学校，也不是选择是否去上学习班，而是要选择一个社会体系。也许这不仅仅是孩子的成长环境选择，也是我们自己的生活环境选择。

　　于是我们有了移民加拿大的想法和行动。我们的移民过程很顺利。拿到移民纸的那一刻，我们都有表面的欣喜和内心深处的无奈叹息。

好分数不等于好人生

2013 年秋天，我们全家到了加拿大的蒙特利尔。行前，在我们刚和儿子提出移民想法时，他不同意，他说自己在国内语文是班里最高分，如果到了蒙特利尔，法语变成了语文，那他的语文就是最低分了。但是到了蒙特利尔第三天，他突然主动说很想留下来上学，到现在我们也不知道是什么促使了他的这个改变。

从 Harry 在加拿大上学的第一天到现在，一个学年过去了。他也从小学六年级变成了初中一年级学生。从不会说任何一个法语单词，到现在已经可以比较流利地和别人用法语交流。他每天上学都是高高兴兴的，没有我们预想的在陌生语言环境下的巨大压力和不自信。

在这里我们依然选择的是普通公立学校，周围依然有很多朋友的孩子去上各种补习班和私立学校。但是整个社会的主流价值观，不认为高学历是孩子的唯一出路。实际上很多博士毕业生的工资也未必比大专生高多少，可能只是 2 ~ 3 倍的差距，而不像国内也许是 10 倍的差距。

就业机会也不和学历高低或学校排名成正比，甚至大专生是更

容易找到工作的，因为他们的技能和素质已经能胜任大部分企业的需要。

现有社会的收入体系和就业机会深刻影响着教育体系，影响和包容着父母们的选择。我们的宽松教育观念，不再是孤立的，也不是唯一的。教育观念多元，互相尊重，没有必须如何如何做的压迫感。

这里的课外班很丰富，不再以学到某些知识或拿到某些等级证书为主流。户外活动非常受重视，课间时间有充分保障，无论是阳光普照还是大雪纷飞，孩子们都有充足的时间在户外玩耍和追逐。

学校的任何一次考试都不排名，也不打听别人的成绩。我发现孩子最大的变化是，虽然他成绩不是最好的，但是他仍旧觉得自己很好，变得比过去自信多了。他提到班上的同学，会告诉我谁谁谁做了一件什么事情，但是不会去刻意评价别人聪明与否。他开始觉得，随便评价人是一件不礼貌的事情。

各教育局之间似乎没有太多的比较信息。每个地区教育局，都是靠这个地方居民的校税来维持，教育不好，房价就低，校税就少，教育局的日子就不好过。所以教育局都很努力，目标也很明确，争取进入正向循环。他们不是靠血汗换来的业绩晋升，而是靠服务好本地居民来生存。

公立学校的教育资源与设施，在同一个教育局内力求平等。我感觉公立学校的职责首先是培养好普通人，而私立学校的目标是培养出精英。

在社会压力降低的情况下，孩子会有怎样的童年，很大程度上就取决于父母的态度。我虽然希望孩子较为轻松，可我自己毕竟是应试教育系统培养出来的，还是会在不经意间给孩子造成压力。

比如在北京时，Harry 语文考了 97 分，我脱口而出的问题是："小学的考试多简单，这还得不了 100 分？"他的身体协调能力不太好，有几次在平地上走路也会摔跤，有时我表现得非常不耐烦。后来我意识到自己的内心是一个苛刻挑剔的母亲。当我意识到这点后，我就开始调整心态，去接受自己的孩子，也接受自己。

教育永远都有新问题，有新焦虑，无论何时何地。但所有的问题与焦虑其实都是社会和父母内心世界的一个缩影。

在学校，孩子巨大的学习压力是社会财富分配和就业现状的缩影；孩子较少的户外体育时间，是社会医疗机制（孩子在学校受伤谁承担医疗责任）、独生子女以及价值观的综合结果。在家里，孩子体会到的要求和苛责，是父母成长过程和心理模式的体现。选择东方还是西方，很多时候是在选择自己而不只是孩子的生存环境。能否允许孩子做好自己，是在和自我内心对话，而不仅仅是对孩子的陟罚臧否。

人生的成功不由分数来判定

　　无独有偶，湘江（网名）是另一位自称坚持宽松教育理念的妈妈。湘江希望孩子生活在宽松的环境中，却使她成为家长当中的异类，甚至因为她没有给女儿选择广州最好的一所名校，好朋友宣称要与她断交，认为她太不看重孩子的教育。偏偏这位性格上大大咧咧的妈妈，觉得孩子的成长当中，有太多事情比分数重要。为了寻找一个她心目中理想的教育环境，湘江固执地带领着一家人移民去了加拿大。

　　我们一家原本生活在广州，2008年移民来到加拿大。我们在广州时住在东山区，地段不错，附近有两个省一级的重点小学可以挑选。其中一所小学名气非常大，我去看了一下，这所学校一个年级有10个班，每个班有50个学生。学生们实在太多了，以至于做课间操的时候，走廊里全部是人，我觉得这种场面太可怕了。这么多人，孩子课间如果要去操场，得排很长的队，他们想下楼玩都变得不现实。

　　我选了另一所小学，名气没第一所大，但也是很好的学校，师生加起来900多人，比第一个学校规模小不少。而且这个学校是九年一贯制教育，孩子小学升初中没有多大压力。

　　但是就因为我没选第一所学校，我有一个朋友为此和我闹翻了。因为她觉得我不重视教育，说我这样会耽误孩子，太不负责任了。我在国内的时候，对孩子的教育理念和多数家长不一样。我认为应该让孩子开心地成长，我的孩子在上小学之前一个字也不认识，也没学过英语。她幼儿园期间学过画画和游泳，那是因为她喜欢这两件事情，把它们当作玩。我认为小时候孩子的性格培养最重要，知识性的东西没必要太早灌输。

但是在国内的大环境下，要想给孩子一个宽松的教育环境，非常难。在我女儿五岁的时候，我有了移民的想法。她读小学后，我没给她报补习班，别的孩子基本都上补习班，因此她的朋友变得越来越少。我女儿问我：为什么我同学都上作文班，就我不去呢？只有一个不上补习班的孩子能与我女儿一起玩，因为我们两家的教育理念相似。但是这样的家庭太少了，我们还是能感到周围的压力。

我听人家提起西方的教育理念，觉得和我的想法很接近，我也去一些移民论坛上看帖子，发现西方的小学教育在初级阶段非常宽松，老师经常带孩子们去博物馆参观、去户外游玩，到了小学四年级才比较多地教知识性的东西。我非常赞同这种做法，我觉得孩子身体好、心情好是最重要的。我女儿在国内时，考试90多分，我挺满意了。可是对有些家长来说，99分就等于60分，非要孩子考100分，把孩子逼得太紧了。

我对孩子的饮食起居照顾得很用心，在女儿快两岁的时候，我辞职做了全职妈妈。但是我完全不看重成绩，我宁愿花时间陪她看电影、陪她去旅游，而不愿意她为了多考几分而整天埋头做题。我觉得国外的教育理念更符合我的想法。2006年我递交了移民申请，一年后就办成功了。我一个人带着孩子去加拿大待了三个月。这三个月里我们在加拿大的物质条件比国内差很多，但是孩子特别开心。她在加拿大的一所公立学校上课，读二年级，一个班15个人，开放日的时候家长可以去参观，我看老师在那儿讲故事，同学们有的坐着、有的趴着。我女儿一句也听不懂，可是特别开心。不用像在中国的学校里，永远要排排坐。

但是孩子在加拿大待了一段时间后，我发现她中文退步得很厉害，又决定带她回国上学一年，把中文的底子打牢。现在看来，我带孩子回国一年是对的，她多学了一年中文，现在看大部头的中文书没有问题。女儿回广州后，非常怀念加拿大的学校，老是念叨着什么时候能回去。孩子读三年级时，我又带她回到加拿大，换到了蒙特利尔，女儿进了公立小学的法语班。在学习了两年之后，她在五年级时进了普通班。

成长笔记

第二章

别人的教育真的更好吗？

"七零后""八零后"家长们看世界的方式
变了，他们对孩子教育的需求也变了。然而
改革开放三十多年来，教育是我国极少数仍
保留着高度计划经济特色的领域。这就使得
我们忍不住去探寻，别人的教育是什么样
的，别人的教育到底好在哪里？

我们的教育出问题了

在我们采访了以上家庭后，发现处在中国社会精英阶层的家庭，父母事业有成，他们有着突出的独立思考能力，对社会机制的改良有着较高的要求，对中国学校教育的观察和反思也很多。当今天我们生活在一个高度发展的商业社会里时，家长们希望社会提供的公共产品多元化，然而多年来变化不大的公立体制教育，显然和社会需求脱节。

如果从根源上分析，我们现有的公立学校教育体制，承袭了苏联的教育理念和教学方法。"向苏联学习"是新中国成立初期全国建设的方针，也是我国教育工作的方针。在这场自上而下的运动中，学习苏联的教育理论和经验曾经在全国范围内展开。在向苏联模式的学习过程中，中国的知识分子只允许老老实实地学，不允许有丝毫的怀疑或批判。运动之始，尚有一部分知识分子不理解，对苏联的教育理论有怀疑有保留，甚至在专家讲课的时候向专家提出质疑。但这部分知识分子在思想改造运动中都受到批判，做了检查。自此之后，再也没有人敢于提出不同的意见了。学习苏联由不自觉逐渐变成自觉的行动，所谓"全心全意向苏联学习"。

苏联教育理论曾经反映在多种中文的翻译著作中，中国教育界学习的主要是凯洛夫主编的1948年版的《教育学》。中国教育工作者，包括师范院校的学生，几乎人手一册，逐章逐节地进行学习。因此形成了所谓"凯洛夫教育理论体系"。这个理论体系影响我国教育理论达半个世纪之久，而且至今仍有它的影子。比如强调教师的主导作用。凯洛夫认为："教师本身是决定教学培养效果之最重要的、有决定作用的因素。"虽然他也主张"学习是学生自觉地与积极地掌握知识的过程"，但是他又认为，"教学内容、方法、组织之实施，除了经过教师，别无他法。"因而确定了教师在教学中的权威性、主导性。这一条被我国教育工作者牢牢地掌握，因为它与中国传统教育中的师道尊严是一致的。但是过分强调教师的权威性，使得学生被动遵从，在学习过程中缺乏主动性，甚至被剥夺了个性与想象力、创造力。

苏联式的教育理念，强调的是学科中心、课堂中心、教师中心，与杜威的实用主义教育思想是相对立的。在苏联教育学的影响下，我国也开始批判杜威的实用主义教育学。在新中国成立初期曾对杜威的生长论、进步论、无定论、智慧论、知识论、经验论等一系列的哲学、教育思想进行了分析批判。1951年人民教育出版社汇集成册出版。1956年人民教育出版社出版了陈元晖著的《实用主义教育学批判》一书。后来又发展到对陶行知"生活教育"、陈鹤琴"活教育"的批判。

实际上，在20世纪初的西学东渐中，崇尚尊重儿童的西式教育已经经由留学生的推动，在中国开始了教育实验。1918年，获哥伦比亚大学教育硕士学位的陈鹤琴回国发展，后来他成为中国著名的儿童教育家。陈鹤琴是我国第一位引进西方教育的先驱者，与陶行知、张宗麟等一起推动中国的儿童教育。

陈鹤琴认为，传统教育的课程内容是固定的，教材是呆板的，教师只是一节一节课地上，学生只是一节课一节课地学。这样的读书只能造就"书呆子"。鉴于传统教育的严重弊端，唯有提倡"活教育"，到大自然、大社会中去寻找"活教材"。陈鹤琴所谓的"活教材"是指取自大自然、大社会的直接的书，即让儿童在与自然和社会的直接接触中，在亲身观察中获取经验和知识。他把活教育的内容具体化为"五指活动"。即健康活动、社会活动、科学活动、艺术活动和文学活动，其目的是培养儿童理想的生活。

陈鹤琴提出了 17 条教学原则，即：1. 凡儿童自己能够做的，应当让他自己做；2. 凡儿童自己能够想的，应当让他自己想；3. 你要儿童怎样做，你应当教儿童怎样学；4. 鼓励儿童去发现他自己的世界等。这与陶行知的生活教育、杜威的实用主义教育具有比较一致的内核，比如杜威强调的教育即生长、教育即生活、教育即经验的不断改造等。

今天，我国的教育虽然在改革开放以后进行了多次改革，但苏联教育的影子仍然随处可见，再加上中国自古教育思想过于强调"尊师重道"，教师仍然是整个教育体系的权威，而教师又因为身处严格的考核之中，最终将分数作为统一标准来衡量性格与资质各异的孩子。苏联模式在很大程度上，将我们的教育变成了流水线工厂，在改革开放 30 多年后，教育是我国极少仍然保留着高度计划经济特色的领域。这使得我们不禁希望去探寻，我们的教育模式到底出什么问题了？西方的教育，别人的教育，到底又好在哪里呢？

别人的教育与我们的时代

当我们关注"别人的教育"中种种颇具诱惑力的个体感受时，别忘了这正是一个非常好的机会提出属于我们这个时代的问题：我们的孩子是什么？他们在基础教育中的地位是什么？教育应该如何帮助他们成长？我们的教育话题，在中国大跨步的城市化过程中，应该处于什么样的位置？从我们个人身为母亲和记者的双重身份来说，在思考自家孩子的教育问题时，我们面对种种迷惑，试图把它放到更大的时代和历史背景中来观察这个问题，希望能寻找到宽慰自己的答案。

从陈晓的自身经历来说，当她的孩子面临上小学时，她忍不住感到焦虑。当我们的访谈家庭历数公立教育的种种不愉快，我们听得越多，就越希望从这种现象背后去寻找任何可能的答案。陈晓从自身经历开始思考这个问题：

从家中 19 楼的窗口往外望去，是北京五环路边的土地。两年前搬来这里时，还是一块一望无垠的荒地，高高低低地长些杂草，搬迁后剩余瓦房的半壁残垣零落其间，标记着这里曾经有个村庄的历史。地的尽头接着山坡，山肩后面，还能隐约看到深深浅浅的绿色，让人想象无边无际的田野和乡村在山坡另一侧安静地展开。

两年里，这片土地的面貌在悄无声息地发生着变化。一大片厂房像庄稼一样，从荒地两侧向中间生长。蓝色钢瓦屋体的边缘，是一团一团尚待填埋的白色工业垃圾。远处田地和山坡的连接处被一条公路劈开，路上的车辆一天天增加。冬天下午六七点的下班高峰时，能看到车灯密密麻麻连成光流，在田地和山坡间闪烁。再远一点的地方，建起了轻轨。城际列车像根又短又粗的白色大昆虫，时不时在越来越密集的楼房和高压电缆的基架中一闪而过。

这是工业革命在北京五环外制造出的最平常的景象。土地上鳞次栉比地生长出厂房、公路、电线杆。随之而来的城市化还带来了大量人口的聚集。尤其在北京这样的超大型城市，到 2014 年，约有 18 万学龄孩子，比 2011 年增长了 5 万。为了应对教育高峰，北京市在三年前就开始规划新的中小学校舍的扩建，颁布了《北京市中小学建设三年行动计划（2012～2014）》，提出在未来 3 年内，全市新建、改扩建中小学 200 余所，提供超过 16 万个中小学学位。城中土地已寸土寸金，计划中大部分新增的小学都是在原本城郊的地区。

我家楼下的厂房、公路、住宅旁边，也新修了一所小学。虽然位置偏僻，规模不大，但外观上已和我 30 年前上过的小学有天壤之别。我上的小学校舍极为简陋，虽然号称重点小学，但教室的墙上仅涂着白灰，没有任何装饰物。黑板颤颤巍巍地搁在木头的支架上，老师上课板书时常常要花时间来调整黑板的角度。教室的采光也不够好，阴雨天如果坐在最靠里面的位置，需要举起书本才能看清楚上面的字。操场是煤渣铺设的，如果奔跑时不小心摔倒，膝盖和小腿很容易蹭出一片血斑。没有图书馆，没有音乐室，没有一切带有现代社会标识的教学设备。

而如今楼下这所小学是一个配备标准的新兴社区学校。面积不大，但区域分隔清晰，从上空俯瞰，一眼就能看明白：左边是教学区，L形筒子结构的五层楼房，黄砖白墙清爽干净，与小区的建筑风格融为一体；右边是一块标准操场，有400米标准环形橡胶跑道，跑道围起来的空地是球场。这个球场竖着看，是4个篮球场；横着看，则刚好可以当一个足球场。还有一个沙坑、一块排球场、一个投掷铅球的三角地。跑道边有一块LED屏，运动会时用来展示比分，学校集会时播放视频。

不可否认，远处那片厂房和楼下这所麻雀虽小但五脏俱全的小学之间，有着千丝万缕的联系。工业革命带来的巨大物质财富，让我们孩子的小学有更明亮的教室、更安全的活动场地，还会在一定程度上改变孩子获得教育的方式。这所地处五环路的社区小学提供的教育针对所有在这个社区拥有住宅产权的居民。对很多外地来京、并不具备多少社会人脉资源的年轻父母来说，这种方式提供了一个更为明确简捷的入学路径。这也是两年前我们从市区搬到五环路边的原因。

我的孩子明年要上小学了，楼下这所学校将是他离开家，进入国家构建的教育体系的第一步。社区里流传着关于学校的诸多传言：这是一所对秩序要求非常严格的学校。为了安全，课间不许去操场上奔跑，甚至去厕所也要按照规定的路线和脚印走。按规定下午16点半放学，但老师经常延长课堂时间，有的时候五六点才能离开学校。分数仍然是衡量和评价孩子最重要的标准。老师发给家长的短信里，最主要的内容还是通报测验成绩以及成绩在班级中的位置。如果课堂表现和测试成绩都不理想，家长也会成为被责罚的对象——曾经有老师要求表现不佳的学生家长去教室陪读一个星期……如果是30

年前，家长可能会对这样很有上进心的学校颇为满意——严格地教学和管教孩子，以获得成绩上优先的排名，是当时学校和家长的一致诉求。

但现在，这些传言却让我感到不安。公允而论，我自己就是在这种教育的氛围里学习并成长起来的。可是，当我的孩子也面临同样的教育境况，我却深深地犹豫了——他应当面对如此严苛的环境吗？

教育重心的转移

　　仅仅一代人，教育观念就如此割裂，或许我们得梳理并理解何以至此。

　　在西方现代国家的教育史上，工业化和城市化是现代教育发生变革的一个契机，改变的不仅是建学校和入学的方式，更重要的是对儿童在教育中地位的重新思考和认识。儿童是什么？他应该以什么方式接受教育？这是贯穿西方近现代教育史的两大问题。对西方现代教育影响最深刻的是由杜威、蒙台梭利等教育思想家在 20 世纪中期做出的探索和回答。虽然他们提出改革基础教育的方式各有不同，但核心观念都是一个——孩子是教学的中心，教育应该在尊重儿童的人格和天赋的基础上进行。这两次运动奠定了儿童在现代教育中不可动摇的地位，教育重心开始由传统的教师为中心向儿童转移，如何学比如何教更加重要。

　　我应该是多少接受了这种观念的家长——这是我跟我父母那一代人最大的不同。在和自己孩子相处的五年多时间里，我体会到了"尊重孩子的人格和天赋"在家庭教育中的实践效用：成人通过退让，为孩子留出更多属于他自己的成长空间。即便现在还没看出在发现自我上有什么惊人的进展，但确实在亲子关系的亲密和信任上得到了一点回报。

　　成人对孩子的耐心和宽容，让孩子感受到尊重，他会用更合作和更体谅的态度来回报这种感觉。但这种以"儿童为中心"的教育实践其实非常艰难。真正和孩子能平等和谐相处的时间并不多，大多数时候不是东风压倒西风，就是西风压倒东风。成人只有偶尔才能体会到权力运用得当、不动声色控制场面的甜美时刻。虽然分寸感极难拿捏，但我相信有相当多中产家庭的年轻父母，正在自己从小就接受的威权教育观念和西方舶来的"孩子才是教育中心"的精神产品间，磕磕绊绊地寻找着教育孩子的平衡点。

但当我们的孩子要离开家庭，进入到一个我们力所不能及的庞大教育体制中时，传闻中的学校教育与我们正在摸索着实行的家庭教育之间有很大差异。卢梭曾经说过，如果几种教育在一个学生身上相互冲突，那么他所受的教育就不好，而且将永远不合他本人的心意——这也是我对即将入学的孩子的担忧。

如果站在西方教育史的角度，我的这种担忧或许是一个眼界狭小的家长操之过急的紧张。观念与社会现实的差距，在儿童教育的发展过程中一直存在着。一种对儿童新的认识从提出到为普通人接受，再到为传统的学校教育所采纳，通常要经过上百年的时间。

北京师范大学教育学院前院长张斌贤是研究西方教育史的学者。他告诉我们，西方最早对儿童的认识与中国古代哲学"人性本恶"的观点相似。按照西方基督教和新教的传统意识，儿童本性是邪恶的，因此天生不能被信任，必须用各种规则加以规范训诫，甚至不惜用暴力来约束、教化他天性中的邪恶。直到 13 ~ 15 世纪欧洲大陆发生了文艺复兴运动，社会才开始改变对儿童"人性本恶"的看法。在张斌贤制作的课件中，有两幅对比鲜明的画作用来说明西方近代教育开始时，社会对儿童的认识发生了怎样的变化。一幅画是在宗教圣庭之上，一个孩子端坐在圣母的膝盖上，两人都端坐直立，神色严肃，显得疏离冷漠；另一幅画的背景则换成青翠的田野，一位母亲怀抱着婴儿，孩子白净壮硕，两手热情地钩住母亲的脖颈，画面温暖动人。这两幅画以画家对儿童的不同认识和处理，代表了中世纪与文艺复兴精神的对比——儿童不再是刻板邪恶的象征，而是美好和富有生命力的。

滞后的学校教育

对儿童的认识在 18 世纪有了里程碑式的发展。随着启蒙运动席卷欧洲大陆，法国的启蒙思想家卢梭在其著作《爱弥儿》中，将儿童浪漫主义化，赞美儿童是天使，因此对他最好的教育就是保护天性的自然教育。《爱弥儿》是西方教育史上最具影响力的著作，据说德国哲学泰斗康德为了阅读《爱弥儿》，竟打破多年每天外出散步的生活规律。传闻已难证实，但康德确实曾称赞《爱弥儿》的出版是跟法国大革命相提并论的大事件，这代表了欧洲知识界对这本书的推崇。

但就在《爱弥儿》出版的同一时期，欧洲大陆对儿童的教育实践仍然停留在简单粗暴的形式。据研究者统计，18 世纪一位有 50 多年教龄的德国小学老师，用手、戒尺、棍子等各种工具，对学生实施过多达十几万次的体罚——相当于这位老师 50 多年教学的每一天，都会发生好几次对孩子们的暴力训诫。

直到 20 世纪初，当英国孩子乔治·奥威尔进入国内一所最昂贵的私立学校时，他体会到的基础教育仍然是集威权与功利于一身。学校用威权管束给孩子心理造成了极大的压迫感。这种压迫感是直接针对一个孩子的天性而非故意破坏秩序的行为，因此孩子更会感到不解和无助。而如果有对威权反抗的表现——即便仅仅是挨打之后没有表现出害怕和痛的样子，这个孩子就会遭到被蔑视的威权的残酷报复，在身体和心理上付出惨重的代价。成年后成为作家的乔治·奥威尔曾写文章回忆了这段经历。当时只有八岁的他进入一所寄宿学校接受基础教育，相当于现代社会的小学。因为初到一个新的环境而紧张尿床——这原本是年幼的孩子离开家到一个陌生地方过夜时的正常生理反应，但却被当时的学校管理者认为是奥威尔有意犯的可恶的错误，正确的治疗就是让他挨一顿打。第一次挨打时，奥威尔表示不痛，因此被老师用短鞭再抽了五分钟，直到鞭子被打断了，骨头做的柄飞到了房间的另一头。后来奥威尔在回忆录中记录自己的这次感受："我倒在椅子上，有气无力地抽噎着。我记得这是我童年时代仅有的一次被打得直掉眼泪。而奇怪的是，我哭并不是因为痛，害怕和羞愧似乎为我施了麻醉。我之所以哭，一方面是因为我感到这是他们期望我做的事，一方面是因为出于真诚的悔恨，但是一方面也是因为一种只有童年才有而不容易说清楚的更深的悲痛：一种凄凉的孤独无助的感觉，一种不仅给锁在一个充满敌意的世界中，而且给锁在一个非常邪恶的世界中，而这个世界里的规则实际上是我所无法照办的感觉。"

学校从来是晋级上等社会阶层的一个重要通道，在教育资源不够充沛、社会财富的分配不够公平时尤其如此。奥威尔回忆当时上流社会传着一种前途观："大家普遍认为，除非你上了一个'好'公学（能归在这一类的只有15所学校），否则，你的一辈子就完了。这是天经地义的事。"奥威尔就读的这所学校收费昂贵，可以算当时的优质教育资源。学员的家庭背景非富即贵，普通人家的孩子想享受这样的教育资源，当然要经过严格的智力选拔。

为了获得继续留在优质教育机构的权利，奥威尔的小学教育中充斥着以死记硬背知识点应对考试的做法。"我们从来没有从头到尾读过——哪怕只有一本——希腊或拉丁作家的作品，我们只读一些短片段，它们之所以被挑选出来，是因为它们可能被出成'即席翻译'的试题……我们大部分时间都用在复习前几年的试卷上了，它们是些那种只要答一个名字或者一句引语就行了的蠢问题。谁劫掠了印度穆斯林贵妇？谁在一只敞舱船上被砍了脑袋？谁趁辉格党徒在洗澡的时候偷走了他们的衣服？历史成了一系列没有相互关系、不可理解然而听起来总是词语铿锵响亮的重要事实。"

　　这是卢梭的《爱弥儿》提出 100 多年后，一位英国八岁孩子对自己身在小学的描述和感受。

工业革命与教育变革

    虽然隔着时空，奥威尔的故事至少我读起来并不陌生。记忆中自己的小学教育和传闻中我的孩子即将接受的小学教育，与乔治·奥威尔笔下的小学教育似乎差别不大。

    在中国，教育被称为改革的最后一个堡垒。传统的威权教育并没有经过多少社会运动真正有力的捶打和拷问，教师仍然是社会意志的代表，对孩子有着绝对的奖惩和评价权力。我们的教育还整体服从于一场严格的选拔考试，从高考而来的考核压力层层向下传递，小学里对孩子的评价还停留在以分数作为最重要、甚至唯一的标准。在威权教育和分数评价体系下，少数智力非常优越或者对知识性学习特别耐劳的孩子，可以得到各种各样的丰厚奖励：分数排名、老师的赞扬和亲近、各种班级管理职位、"三好学生"等荣誉称号。但这样的鼓励方式，是以更多在学业上表现平平但或许另有天赋的孩子的自尊和自信为代价的。

    在奖惩如此明显的评价体系中，没有拥有过人智力天赋的孩子固然缺少全面审视和认可自己的空间，那些成为老师宠儿和奖励对象的优等生们，却也未必真正踏实和快乐。一位在北大就读的学生告诉我，因为智力出众又非常听话，他从小就是这种评价机制中的优胜者。他一方面享受着因为各种奖励而带来的"自己出类拔萃"的自豪感，一方面又处在害怕失去这些奖励的不安全感中。看到老师惩罚或者漠视那些考试成绩不出色的同学，他会有一种隐隐的压迫感。这种压迫感促使他要求自己要更"听话"，更加符合学校评价机制的期望，不要出一点差错。多年后，当他在中国最好的大学里回想自己的小学时光时，用了"媚权"来形容那个幼小而优秀的自己。被各种资源竭尽全力奖励的优等生，和那些因为学业不够出色而被漠视或者惩罚的孩子一样，或许都丧失了对自己提问的机会：你是谁？你想成为什么样的人？

也许，我们正处于历史甬道之中，而改变也仿佛正在眼前。这个时候，我们进入观察并理解西方教育演变的历史，也许能看到中国未来可能改变的方向。至少，我可以为自己的困惑找到解决之道。

改革的契机

　　工业革命和城市化看起来是一个最具冲击力的改变机会。在西方教育史上，以大机器生产为核心的工业革命产出大量物质财富，终于让近代教育中关于"发现儿童"的理论硕果，变为比较普遍的现实。财富的增加导致教育投入的增多，大量硬件设备符合标准的新学校建立，让教育不再是稀缺资源。工业革命创造的大量工作岗位，让普通人也有机会分享社会财富，学校不再是获取资源最重要的通道。当与利益和资源争夺的联系不那么紧密时，学校便开始真正有空间实施"以儿童为中心"的教育。

　　当然，对儿童的教育改革仅仅是社会改革运动的一部分。随着社会财富的增加，女权运动、社会工作者、慈善家蓬勃兴起，收留流浪儿童、弃儿和乞丐的机构也大大增加，与儿童受教育方式的探求相辅相成。教育绝不是一个发生在学校围墙内的孤立问题。一所当下最优质的小学中孩子获得什么样的教育与多大程度的尊重，与街边一个流浪儿童的命运是紧密相连的。当儿童的自由和权利不被重视还普遍存在时，一个即便在城市中最好的小学就读的孩子也是不可能得到真正的尊重，获得属于自己个性发展空间的。

　　作为对以上社会改革运动的反馈，北美大陆的进步教育运动在20世纪二三十年代进入高潮。1916年，杜威发表了《民主主义与教育》，这本书与柏拉图的《理想国》、卢梭的《爱弥儿》一起，被认为是三大教育经典。杜威在书中试图探索在工业化时代更为现实的教育方式。他提出的实用主义哲学成为进步教育运动的指导思想：智力发展与良好体质之间有密切联系，因此注重学生的体育锻炼；强调让儿童从自身的经验，而非从僵硬的书本中学习；把儿童的兴趣作为教育的出发点；以合作和团体活动为主要教学方式，培养学生的社会责任感，与他人合作相处的能力——这是我们今天看到的西方现代教育的思想基础。

　　如今进入西方现代国家的小学教室，还能清楚地看到杜威的思想遗迹。比如在看似简单的课桌摆放方式上——杜威提出以做活动的方式，让孩子从亲历经验中学习，很多西方现代国家小学教室的课桌因此不再是单一面向教师，而多以围坐的方式摆放，以便于儿童在活动式教学中可以相互讨论，随时表达自己的观点。以孩子为教学中心的出发点甚至影响到了桌椅的高度、长宽比例，照明灯与桌面的距离……课堂内的种种细节都暗藏着对儿童的关注和尊重。儿童的入学权利，教学过程中不受侵犯和虐打的权利，不受歧视的权利，都有了非常完备的法律保障。对儿童权利的重视和保护，甚至给老师很大的压力。曾经在教育中处于绝对强势地位的老师，如今却成为审判席上的弱者。一位曾经在美国留学的学者告诉我们，他的儿子在美国读了一年小学，班上有一个墨西哥的小孩子因为和另一个小孩起纠纷，觉得老师的处置偏袒另一个孩子，这位墨西哥小孩便向校方投诉。于是校方和家校联合会共同就此事召开听证会。

这位学者看到那位被投诉的老师在听证会上，因为巨大的压力一边解释一边失声痛哭。

曾经在西方现代教育史上产生变革的重要因素，在我们这个时代也正在产生：人均享有的教学资源在增加——北京平均小学建筑面积由 2001 年的 6.6 平方米增加到 2010 年的 8.7 平方米……而且这种硬件条件的改变，正在变得日常而平凡。只是教育制度与教育观念的落差仍然很大。这个时代，我们确实到了一个需要反省并自问的时刻：我们的孩子是什么？他们在基础教育中的地位是什么？教育应该如何帮助他们成长？

幼儿与权威

班干部制度

对幼小的孩子来说，过于严厉的威权、过于丰厚的奖品，都是他们幼小的心灵无法承受和做出正确判断的。班干部和等级奖励制度，是中国教育择优体系中的重要部分。在中国，六岁的孩子入学后，就要面临在几十个人的班级里选班干部。

学校里选举班干部，首先选出班长，然后是副班长，接下来是学习委员、生活委员、体育委员、文艺委员、劳动委员。除了这些重要的职位外，还有小队长、小组长、课代表，剩下的就是芸芸众生。到了二年级，少先队成立了，考核体系依照三道杠、二道杠、一道杠的顺序再来一遍。

对于中国的小学来说，班干部制度名正言顺、天经地义。可是如果我们环顾一下欧美地区爱及日本等发达国家的教育体系，会发现他们根本就没有班干部制度。班干部制度真的好吗，它给我们带来了什么呢？

孩子缺乏安全感、缺乏受尊重的体验

所谓的"差生"，小小年纪就得体会"平头老百姓"的感受，被划入了最低等级，自信心会受到长久的打击。

所谓的"优等生"，虽然得到了老师的宠爱，但是优等生由于看到了老师对待差生的态度，害怕自己失宠，内心常常不安。有些优等生通过向老师"告状"，来维持自己受宠的地位。有些优等生则内心纠结，对于"差生"的处境感到不安。

那些在"优等生"和"差生"之间的孩子，则会强烈地感受到自己被忽略。

孩子缺乏平等意识

在今天的西方教育理念看来，所有的孩子人格上都是平等的，享有平等的受教育的权力，理应得到教育者平等的对待。如果仅仅因为有的孩子身体发育早些，智力发育早一些，考试分数高些，有的孩子长得漂亮更讨老师喜欢，就比别的孩子得到更多的机会，甚至对其他人拥有了或大或小的权力，这是不被接受的。如果一进入学校就被等级化，很容易使孩子缺乏平等意识。

孩子过早面对权威

班干部制度让刚刚离开家庭的孩子进入到了一个被等级化了的小社会。每个孩子都有了自己的初始位置，而老师是这个小社会的唯一权威。在孩子们的小天地里，老师的权威无法抗拒，孩子只能接受。可是如果老师比较情绪化，或者过度行使自己的权威，孩子们即使对现有权威和秩序不满，也难以表达或反抗。孩子们或多或少会感受到不公平。

荣誉容易成为老师控制学生的工具

在中国的小学里，孩子的荣誉基本由老师给予，而老师很可能因为学生的某个缺点，又会剥夺掉这种荣誉。比如某个学生上课说话了、作业做得不够好、忘记带课本，这些都可以成为老师不让某个孩子当干部的原因。孩子们如果想要一直维持荣誉，就得按照老师的要求来做。

可是在很多国家，学生中没有班干部。

比如美国的小学，老师需要有学生做事情时会公开招聘：Volunteers？（有志愿者吗？）于是就有孩子把手举得高高的。如果需要帮助维持秩序什么的，老师会求助于家长，就会有家长轮流跑到班级里当志愿者。

瑞士的小学不仅没有干部，甚至没有任何评比、奖励。什么"三好学生""优秀少先队员""优推生"这些名词，从来没有出现在小孩子们的学校生活中。

日本的小学没有班长，但是有小组长。不过小组长是依据孩子意愿产生的，想当小组长的孩子自己举手，如果有几个人都想当，就由孩子们玩石头剪刀布决定。小组长一个月换一次。

这些制度设计，看起来老师没有多少权威，也没有多少可以借以控制学生们的机会，但他们悉心保护着孩子们的自尊、自信、安全感、对公正的感受和平等意识。

反观中国传统的班干部等级制，那些先天智力优秀的孩子，可以在这种严格的考核中获得大量赞扬。但对那些先天智力不那么优秀，或者发育较迟缓、天性活泼爱动的孩子来说，他们的自尊和自信心会在这样的体系中受到不同程度的打击。可是不管是否优秀，对幼小的孩子来说，过于严厉的威权、过于丰厚的奖品，都是他们幼小的心灵无法承受和做出正确判断的。

学生的分数重要吗?

中国的学校教育，虽然屡次呼吁改革，大多数仍旧是将分数看成命根子。这样的主导观念，也使得多数家长在焦急与茫然中牢牢抓住分数这个评价标准。在 20 世纪八九十年代，美国教育心理学专家已经系统性研究过分数的作用。专家们对从小学到大学都很看重分数的学生与不看重分数的学生做对比，得出三个明确的结论：

第一，分数会削弱学生对所学内容的兴趣。那些以分数为导向的激励方式，会减少学生内在的自我驱动力。

第二，分数会让学生倾向于选择简单的学业。评分会使得学生避免冒学习上的风险，他们会选择更容易得到好分数的学习方式，比如读一本短点的书，写作业时选择接近的话题。大人们对分数的看重，其实是在传递一种信息——成功比学习本身重要。

第三，分数会降低学生思考的质量。他们读书时会快速寻找他们觉得"我需要知道的"内容，他们寻思着"考试时会考这个吗"，而不是在思考"我们怎样确认这点是对的呢"。在一组实验中，当两组学生阅读同一个社会学调查结果时，被告知不用评分的那组能够更好地抓住文章的重点。如果让两组学生机械地背诵文章，一周后，需要评分的那组也更容易忘记所背的内容。

分数能否真的帮助学生学习这一命题，很早就引起了西方学者的关注。2007 年，美国学者安德门和莫德可的研究发现，"分数导向"的环境更容易滋生愈演愈烈的欺骗之风。其他教育专家在 2011 年的研究发现，分数会使得学生更加害怕失败，即使对成绩好的学生也是如此。2010 年，美国学者怀特和范藤发现，在医学院废除了评分考核后，产生了持久的好处，同时没有发现明显的副作用。更重要的是，前面提到的 20 世纪 80 年代的"三个大发现"，即分数会削弱学生兴趣、使学生倾向于简单学业等，至今没有研究可以反驳它们。

可以量化的衡量标准，实际上是学习当中最不重要的结果。如果我们只把对学习的衡量简化为数字，学生会变得把注意力放在成绩上面，盯着周围的同学，去和别人比较。当学生盯着作文中有多少语法错误，数学中有几个运算错误，很可能损害了他们的思考能力。

我们不应该重点关注衡量教育的技巧，而是应该关注更广泛的心理和教育层面的问题。这就好比流传着的一个故事：一个学生问他的精神导师，他得花多长时间才能变得杰出，导师说："10 年"。学生说，那如果我学习得更努力一些呢？导师说："20 年"。学生非常不解，倔强地问："如果我非常非常努力，变成这个修行所里最勤奋的学生呢？"导师说："如果这样的话，你要花 30 年才能变得杰出。如果你一只眼睛盯着离成功有多近的话，你就只有一只眼睛盯着你应该做的事情了"。

分数是外在的一套评价标准，它的存在有合理性。但是如果家长也一味用分数衡量孩子，把这套标准当作自己教育孩子的重心，则容易忽略帮助孩子建立成长中的自我驱动力。评分不利于孩子给自己设立目标，而是让孩子总是忙于满足其他人的期望。

英国有一所小学（Barrowford Primary School）在给所有毕业生成绩单里附了这样一封信：

亲爱的 XXX 同学：

你这次小学毕业考试的成绩已经附在这封信里了。对你的成绩我们感到非常骄傲，我们觉得你已经尽了最大的努力。

但是你要知道，这些考试成绩其实并不能反应你是有多么的与众不同。

出这些考试题的叔叔阿姨们并不像你所在学校的老师一样了解你们每一个人，更不会像你们爸爸妈妈一样了解你。

考试不会告诉他们，你们当中有些人已经会两种语言。

考试不会告诉他们，你们已经能熟练演奏音乐，能唱歌，会跳舞。

考试不会告诉他们，你能给你的小伙伴带来笑声，你是一个值得小伙伴信赖的人。

……

考试不会告诉他们，你每一天都在让自己变成一个更好的人。你的分数只能告诉大家你的一面，但是它不能代表你的每一面。

所以，分数只是分数，我们可以为自己的分数而自豪，但是请永远记住，人可以有很多种伟大的方式，考试绝对不是唯一的一种。

老师的作用

老师们需要建立一种氛围，让所有的学生都感到自己有价值，他们有自信，并且有勇气去冒风险以及犯错误。老师们要表现出对学生真切的爱，而学生们对学习的热爱又将深刻地影响他们的人生。老师专业的评价，对学生们的成长至关重要。

老师们应该致力于让学生们过一种有意义的人生，为所有学生传授知识、技能和良好的价值观。

好老师和坏老师

如果把教育系统比作一台机器，在任何体制里老师都是这台机器运转的枢纽。学生们的感受如何，有多么强烈的学习愿望，都有赖于老师如何因材施教，以及如何帮助学生了解取得进步的方法。老师们需要建立一种氛围，让所有的学生都感到自己有价值，他们有自信，并且有勇气去冒风险以及犯错误。老师们要表现出对学生真切的爱，而学生们对学习的热爱又将深刻地影响他们的人生。老师专业的评价，对学生们的成长至关重要。

美国一所小学在提到教育的理念和方法时，举出了七大原则：

一、对所有学生公平、透明、平等。

二、帮助所有学生，包括那些有特殊教育需求的学生。

三、仔细设立教课和学生学习的目标，也注意保护学生的兴趣、特点、需求以及尽可能照顾学生们的不同经历。

四、在开学之初以及学年当中的重要时段，学校需要与学生和家长保持通畅联络。

五，每个孩子天性不一，尽可能提供多种多样的机会，让孩子们从不同方面展示他们所学到的东西

六、学生有了任何进步，老师需要提供具体的、有意义的、及时的反馈和鼓励。

七、帮助学生提高自我管理的能力，让他们为学习设立自己的目标和计划。

在实施这七项基本原则的过程中，老师起着引领性的作用。好的老师可以开启年幼的学生对世界的认知之门，将他引入形形色色大千世界中，开始找寻自我的第一步。而缺乏耐心和爱心的老师，则可能让孩子对认识世界失去兴趣，甚至产生恐惧。老师的好坏对学生的成长作用是绝对的，不以体制优劣为转移的。

美国学者也在探寻好老师与坏老师的差别，看看这种差别能有多大？一份来自哈佛大学和哥伦比亚大学的几个学者的报告，提供了一项研究成果——能力强的教师和能力差的教师的教学效果差异会持续一生的时间。有一名出色的四年级老师能让一名学生上大学的几率提高1.2%，也让青少年在性上面过早犯错误的几率降低1.25%。平均来说，每名学生成为一名成年人一生将多赚2.5万美元——一个平均大小的班级将合计多获得70万美元的收益，这所有都归功于在四年级里有一位良师授课。

看来，一个优秀的老师对于每年他所执教的学生价值万金。哈佛大学和哥伦比亚大学的几名经济学家甚至给操心孩子教育的家长提出一个建议，如果发现一名出色的教师准备离开，家长们应该进行义卖或者募捐，集体支付这名教师多达10万美元的奖金，以挽留这盏可能在孩子成长中的指路明灯。当然，他们的孩子将因此获得

远远超过此数目的收益。相反，一名十分差劲的教师对一名学生的影响则相当于一学年旷课40%。在任何教育体制下，接近一半的旷课率都是不能被接受的。因此，这项研究表明，家长应该竭尽全力换掉这个让孩子逃离课堂的差劲老师，甚至不惜支付给差劲的教师10万美元让其退休，因为一名差劲的老师会严重地抑制学生的成长。

这项研究因为它取样广泛，涉及了一个包含100万学生从四年级到成年期的数据库，因此具有不小的影响力。出色的教师不仅明显提高测试分数，而且能让他们的学生有更好的将来。假设垫底的5%的教师能够被平均质量的教师替换，每名在教室里的学生能够有额外累积的超过5.2万美元的毕生收入。那么对于一个教师而言，他将创造超过140万美元的价值。

用未来的收入来衡量教师的价值，或许有些太过功利，但研究者选取将未来收入，量化如此醒目的方式，或许是更想强调，学校代表了一种未来的商业投资，并试图提供更确凿的证据来证明，什么样的教育改革对学生会有帮助。根据学生的表现进行教师评估，给出色的教师高额的薪资留住他们，同时解雇差劲的教师。

但要甄别出一位好老师并不容易。被誉为全球教育第一的芬兰，在2007年便开始了一项全面的教师招考和培育改造计划。虽然这个国家基础教育的师资从1980年代开始就已经实施中小学教师必须拥有硕士学位的体制，但教育研究者们认为高学历与好老师并不能划等号，真正的好老师不仅自己会念书，更重要的是有思想、有见解、有自信、有互动力、有包容力，让学生们过一种有意义的人生，为所有学生传授知识、技能和良好的价值观。为了找到具备这些特质的好老师，芬兰的大学教育学系会对报考教育专业的考生进行面试，最终的录取率不到10%。这样对教师的严苛选拔，无疑是芬兰教育成为全球的标杆之一的重要原因，但芬兰教育学界和学者仍在感叹，无法找到更多"最适合"当老师的学生！即便在被认为现代教育最发达的美国，家长们对政府的抱怨也是在甄别优秀教师和差劲教师上几乎没有作为。

当孩子的教育中不幸出现一位坏老师时——在漫长的教育过程中，总有那么运气不好的时候，家长们最常有的感受仍然是无能为力。《纽约时报》的报道写道："我们步履蹒跚的教育系统对于美国的经济和国家的幸福可能是最重要的长期影响，所以总统选举几乎完全忽略这个问题真令人沮丧。候选人发表了各种想象或者夸张的冗长演讲，却忽略了最重要的一个。"

学生们需要统一的教科书吗

孩子可以从幼年的学校教育中学到什么？对于这个问题，我们先来听一个关于中国小学课本的故事。

一位中国妈妈去美国做一年访问学者，正在上小学五年级的女儿也随行。为了怕女儿一年后回国跟不上课程进度，这位负责任的妈妈带去了中国小学课本，准备在美国自己给女儿补习。其中一篇课文《草帽计》，让这位妈妈读过之后产生了不少疑虑。这篇《草帽计》被编入"智谋"章节，讲的是红军长征期间，贺龙用计谋，不费一枪一弹，使敌人自相残杀的故事。但以研究者的姿态读完这个故事后，这位妈妈却对故事的真实性产生了很大的怀疑。利用在美国大学访学的有利条件，她查阅了图书馆内和长征以及与贺龙有关的十几本传记和历史文献，通读了史料上大大小小有关长征期间战役的记载，连打死 20 多个敌人、缴获十几杆枪的小规模战斗她都看到了详细描述，但这样一个有勇有谋的、不费一枪一弹就让"一团白军官兵血肉横飞，叫苦连天，死的死，伤的伤，逃的逃"的"草帽计"，竟然没有任何史料记载。这位妈妈又以"贺龙，1934"和"长征，草帽"为关键词在百度和谷歌上搜索，但除了这篇课文外，她也找不到任何其他文章或文献记录能够佐证这件事。而且，这篇小学五年级通用教材上的课文，没有出处，没有作者，时间和地点也极其模糊，给进一步的文献查询带来很大障碍。但是，即使通过文中给出的只言片语的线索，这位妈妈还是看出了不少破绽。她专门写了一篇《草帽计的破绽》，来陈述她研读课本后的疑虑。

"文章开头这样交代了背景：'1934 年，中国工农红军开始了举世闻名的二万五千里长征。贺龙同志带领一支红军队伍，由湘西向贵州进发，蒋介石的白军一面死死盯住不放，一面派飞机在天上跟踪轰炸、扫射。那时，正是炎夏，天气酷热，地上的草木都被晒得枯焦了；指战员们虽然人人头上戴了一顶草帽，仍然热得汗流浃背……'

但这位对中国革命史稍有了解的人都知道，红军长征始于 1934 年 10 月 10 日，中央苏区红军因为第五次反围剿失败而被迫实行战略转移，这次转移被认为是长征的开始。虽然此前有红七军团和红六军团相继撤离中央苏区，一路北进，一路西征，但二者都是先遣部队，一为'调敌'，一为'探路'，不能算正式的长征。

而此时的贺龙，并不在江西中央苏区，他当时正和夏曦、关向应一起带领红三军转战在湖南、四川和贵州的交界地区。1934 年的夏天，贺龙的确带领部队进入了贵州，但是却不是从湘西进入的，而是从四川彭水。最重要的是，他率部进入贵州，根本不是长征的一部分。因为他根本不知道中央红军准备长征了。由于撤离洪湖根据地时电台丢失，这支队伍自从 1932 年 9 月就与中央苏区失去了联系，直到 1934 年 10 月会师红六军团，才重新和中央取得联系。

这样问题就出来了：1934 年的'炎夏'，贺龙和夏曦领导的红三军还没有开始长征，而是在湘黔川交界地区游击战。5 月，攻取四川彭水；之后西渡乌江，进入贵州；这期间，与之战斗的是贵州军阀王家烈的军队。王家烈曾上书南京国民党政府，为'剿共'要钱要装备补给，称'惟念黔省素极贫苦，军兴既久，百业凋残，械弹火饷久感缺乏，务恳俯赐重察，予以充分补充接济'，这样窘困的地方部队，还能拥有飞机，岂不是太奢侈？

这还不算完。这个'草帽计'是以敌人飞机飞行员误把戴着草帽的自己人当作红军而开火、造成死伤而实现的：'这时，天空中传来了飞机的轰鸣声，白军毫不介意，知道是飞机来配合他们追赶红军的。可敌人的飞行员却不是这样想的。这些天他们天天飞，到处寻找红军，连一点红军的影子都没看到，为此，他们没少挨长官骂。这一回，一看地上的军队都戴着草帽，草帽上都印有红五星，顿时喜出望外。几架飞机像饿鹰抓小鸡一样地俯冲下来，对这批'红军'轰隆隆一阵狂轰滥炸，机枪横扫，直打得这一团白军官兵血肉横飞，叫苦连天，死的死，伤的伤，逃的逃。'

但这一段里又有几个疑点：

"飞机上的飞行员，那得离得多近才能看清地上行人草帽上的红五星啊。

既然能看得清草帽上的红五星，难道就看不清"白军"与红军在服装样式、颜色、装备上的差异吗？

就算看不清，可飞行员见到地上一路人马，对自己飞机的到来毫不为意，既不躲闪，也不反击，照样大摇大摆地走路，等着挨打，就不感到一点奇怪吗？"

就是这篇曾让家长疑虑重重，认为破绽百出的课文，收录在北京师范大学出版社出版的"经全国中小学教材审定委员会2003年初审通过"的"义务教育课程标准实验教科书"中，占据了中国小学教育的绝大多数课堂，并使用多年，网上还能搜到2008级的小学生学习这篇课文后写的读后感，声称"读了《草帽计》这一课，我知道了我们红军每个同志都智勇双全，想出最能对付战争的计谋，智斗敌军，让他们知道我们的厉害。"

这位因缘际会认真研读了教材的妈妈，认为《草帽计》这篇课文"要么是张冠李戴，要么就是凭空杜撰。红军长征中有那么多英勇不屈、骁勇善战、足智多谋的战例，我们的孩子需要读这样一篇于史无据、自相矛盾、甚至可能是凭空杜撰的文章来学习什么是'智谋'吗？这样的文章能入选小学课本，不知道'全国中小学教材审定委员会'是怎么审过的。作为家长，是否有权利要求该委员会给出一个解释呢？"

一位中国妈妈对孩子教材中内容的穷根追底的经历和疑虑，或许可以在杜威《教育中的道德原理》中找到对应。杜威认为社会道德和学校道德应该是统一的，"不能有两种伦理原则，一套是为校内生活的，一套是为校外生活的。"而把两者联系起来的一个重要工具就是教材。他认为学校生活中使用的教材不但决定学校的一般气氛，而且决定教学和训练的方法。贫乏的学科不可能有助于形成生气勃勃的社会精神。因此，"知道怎样将道德价值的社会标准应用于学校工作的教材是十分重要的事情。"从这个角度来看，统一的常年没有多大变化的教材，是无法适应已经不断发展进步的社会中的道德要求的。

学校教育中究竟应该教授什么样的内容，杜威曾经在《我的教育信条》中有专门阐述，儿童的社会生活是他的一切训练生长的集中或相互联系的基础，学校的教材内容不应该将儿童与社会生活截然分开。他认为学校科目联系的真正中心不是科学，不是文学，不是历史，不是地理，而是儿童本身的社会活动。但传统的教育是采用突然给儿童提供许多与这种社会生活无关的专门学科、读写和地理等，而违反了儿童的天性，并且使最好的伦理效果变得困难。要想改变这种情况，就必须以儿童的活动能力作为教程和教材设计的基础，教学的内容不应该与实际生活切割开来，而要将教学内容与实际生活相结合，这样教育的内容不是死板的，教和学的人都不是僵硬的，他因此提倡除了在抽象知识的教学外，应该加入手工训练。但如果教材的选取忽略了儿童身上孕育的这种充满生机的冲动，不仅使孩子痛苦，老师也一样不好受。杜威曾经洞察到老师的痛苦："当统一僵化的教材被用作教学最主要的材料时，教师的工作就要难得多。因为除了一切东西要自己去教以外，他还必须经常抑制和阻止儿童的好动倾向。"

　　以这些新式教育家的理论为旗帜，美国19世纪末兴起的进步教育运动，向统一僵硬的教材和学习科目发出了挑战。延续至今的结果是，美国的小学教育中没有统一教科书。教育是地方政府事务，而不是联邦政府事务。老师可以在大的教学目标下，自由选择自己要教授的内容，制成各具个性的课件，这是老师在教学体制内的个人权利。在这样的教学体制下，不同学校有自己的教学主张和知识教育的内容，甚至有的学校至今拒绝教授达尔文的进化论。在更为灵活的知识教学之外，动手能力和运动能力的训练也被放在了学校教学的重要位置。与日常生活紧密相连的手工训练，比如木工、纺织、缝纫、烹调各种作业逐渐被现代教育体系纳入，而不是特殊的职业科目。学校通过对教学内容的调整，自身成为一种生动的社会生活的真正形式，而不仅仅是死记硬背知识的场所。

成长笔记

第三章

国际学校成为风尚

如今的家长们，对教育有了更多的选择权，所以当他们发现统一的传统学校难以满足自己的要求时，不少人把目光投向了国际教育。近五六年来兴起的国际学校热潮，大有愈演愈烈之势。对于一些没有能力或不愿意移民的家庭来说，中国的国际学校给了他们一种接近西方教育的选择。

"80后"家长与国际学校热

"80后"家长受西方价值观影响大，很多人对自己从小接受的教育，都在反思不足，甚至认为传统教育在祸害人。但是国际教育的课程项目是一个极小众的道路，并不适合所有人。选择国际教育，基本意味着失去了回归传统教育的机会，对于工薪家庭而言，风险较大。

这个故事的讲述者李锰是北京一所国际学校的老师，他接触过大量选择国际教育的家庭。李锰发现以前多是富裕家庭选择国际学校，现在有不少工薪阶层的"80后"家庭，由于对传统教育的不满或是惶恐，也选择走一条小众化的道路。

回顾我们的传统教育，比起其他市场化改革彻底的领域，确实还有着浓厚的计划经济的特色。爸爸妈妈们读过的"王二小"，儿子女儿还在读，虽然孩子们已经很难理解故事的社会背景。经济领域和人们的价值观已经发生巨变，而传统教育领域仍旧在流水线式的管理程序上缓慢变化。

对孩子个性化的关注和教育，成为了教育中的奢侈品。这篇文章反映出，年轻家长们对传统教育改革的需求更加强烈，当他们发现个人很难撼动教育体制时，有些家庭选择走了一条昂贵的道路。李锰从他的专业角度，向我们讲述了这种变化，以及选择国际教育到底意味着什么。

不愿教育磨损孩子个性

我所在的国际学校原来只有中学，办学方针是小而精，做了 10 多年一直还是 500 多名学生。我们学校的办学效果不错，前两年又办了小学高年级，今年刚开始招收小学一年级学生。

现在的家长非常推崇国际教育，他们认为传统教育的竞争太激烈，实行的是丛林法则。如果要想获得老师关注，孩子只能成绩拔尖。朋友孩子读的小学，一个班就有 50 多名学生，老师只有精力对成绩最好和最差的学生关注多点，中间阶层的孩子没有任何成就感。而国际学校一个班才十几个孩子，老师能注意到孩子发展的不同方面，孩子的心理健康一般不会有问题。我们学校过去接受了不少从公立小学转过来的学生，有的是在升学压力下孩子学得太累；有的孩子学习成绩不错，但性格太活跃，老师觉得不乖，对学生不太喜欢；还有一种就是家长奉行宽松教育的理念，认为孩子的个性张扬不是坏事，不愿意传统教育压制了孩子的个性。我问一个刚转学过来没几天的小学生觉得新学校好吗？孩子说：喜欢，能被尊重的感觉太棒了。

我的女儿今年六岁，刚刚上我所在的学校一年级。我任职的这所国际学校，今年的小学一年级我们准备招 30 个学生，还有一些名额要留给使馆和商社就职的外国人，刚录取的一位外国小孩儿的家长就是位驻华副大使。在没有发"小一"招生正式通告的情况下，靠家长之间的口传，先后有 200 多个家庭来报名。小朋友来面试的时候，老师让孩子们分组做游戏，看看孩子的行为规范怎样，有些孩子说脏话、推搡别的小朋友抢玩具，就不能收了。实际上今年我们准备招一年级学生的消息刚传出去几天，中国学生名额差不多就满了。我们的十几届高中毕业生考国外名牌大学的成绩相当不错，使我们有了很好的口碑。

我自己是"70后"，我女儿很多同学的家长是"80后"，我感觉这一代家长更看重个体的自由，不希望孩子再回到自己成长起来的环境中。好不容易把孩子的视野打开了，如果送进传统学校，对孩子的教育收紧了，那不是否定了自己之前的教育理念吗？在孩子到了读幼儿园年纪时，他们给孩子选了比较自由的、呵护个性的幼儿园。我女儿上了一所有特色的私立幼儿园，创办人原本是个画家，后来成为儿童教育专家，她的教育观点很受现在家长的欢迎。他们的教育理论强调尊重孩子的个性，让孩子成为有感受力的人，成为个性化的人。我女儿同学的家长们，有些为了孩子上这个幼儿园，不惜搬家，甚至有不少家长是从外地带着孩子来上的。这说明现在的家长，跟我们父母那辈人真是完全不一样了，他们不希望把孩子刻意培养成适应社会的人，而是看重孩子自身的独特性，害怕社会磨平了孩子的特点。

　　我参加教育论坛时大家总是在讨论，中式教育的不足是什么。我觉得简而言之，传统教育学校人太多，除了以班级为核心坚持集体主义，根本无法管理，很难开展个性化的教学方式；国际学校班额少，学业上不追求标准答案，虽然不能完全因材施教，但尊重学生个体可以实现。但是真要说到一个人是否成功，很难说是某种教育体制能保证的。莫言作为一个农村的孩子，也谈不上受过多么好的教育，还得了诺贝尔奖呢。可是具体到自己的孩子，家长们又觉得不能放松。

　　这些家长既然选择了这样的特殊幼儿园，那很多人就认为，不能把孩子送进传统学校了，不然头几年对孩子个性的呵护都白费了。比如我女儿幼儿园的孩子会跟着老师去露营两三天，这么小的孩子都不让家长跟着，这样的孩子如果进传统学校，多数会属于调皮捣蛋的，老师不会喜欢。我做留学顾问多年，现在又到学校工作，接触过各种类型的学生，判断一般比较准。我的女儿其实是那种最适合读公立学校的孩子，性格比较乖巧，听大人的话，学习能力不错。读幼儿园使她改变了不少，跟着孩子们爬树、爬山，野了，再让她回公立学校那样排排坐，有可能就坐不住了，所以索性我们就直接读国际小学了。当然，国际学校生源构成的这几年的变化也十分明显，比如早些年兴起的赴港生子、赴美生子，最早的几批孩子已经到了上学年纪，他们持香港身份或者美国护照，多数会选择上国际学校。这也是很多家长奇怪的，不少只收外国籍的学校100%是中国脸儿，这主要是因为现在国际学校的生源构成发生了较大的变化。

我发现现在国际小学的新家长，与前辈家庭有了很大不同。以往都是绝对富裕的家庭才会选择读国际学校，现在北京的国际学校收费普遍一年20万左右，最贵的一年花费要35万，读这种学校家庭一年收入至少得有50万以上吧。可是今年接触的国际学校新家长，有不少是真正的工薪阶层，以前真是不太多。有些家长，尤其是爸爸们根本不愿意让孩子去碰传统教育，即使一年拿出一大部分家庭收入给孩子交学费，也心甘情愿，有的家庭50%以上的年收入都拿来给孩子交学费了。"80后"的家长们在成长过程中受西方价值观影响比较大，对自己从小接受的那套教育，很多人都在反思不足，有些极端的直接认为传统的教育体系在祸害人。不少年轻家长只要有点条件，就要让孩子接受国际教育。

现在北京市正在对教育体系进行改革，改革的本意是让教育资源更加公平，所以把一些有名的公立学校和普通公立学校合并，限制学生跨区择校，更加严格地实行就近入学。但是很多位家长对这种措施感觉紧张，觉得即使让孩子挤进了好的小学，有可能必须读附近不是很好的中学。挤进好小学也不像以前一样，周围肯定都是好学生了。其实很多一线教育工作者都认为传统小学的差别不是很大，老师的差别远没有家长想象那么大，当然还是很多家长更看重自己的孩子和怎样家庭的孩子坐在同一间教室。

家长须慎重选择国际教育

其实中国家长对孩子的教育是很矛盾的，现在都怕孩子输在起跑线上，所以从小就让孩子发展各种特长。最近中央电视台财经频道举办了一个活动，要从我们学校选中国籍的初中学生参加。看他们的选拔活动，你会发现现在的孩子真是十八般武艺样样精通，跳舞唱歌都不算特长了，那些拉琴的基本都有一摞证书。有一个男生擅长英文辩论和演讲，不管你出什么样的话题，他能在30秒内总结出一段个人看法，滔滔不绝地用英文表达出来。家长们看起来很在意孩子发展特长，可是又怕孩子把特长当真了。我们有个11年级的女生从小练唱歌，擅长表演，出了校门是最牛的青少年合唱团的领唱，想去美国学现代音乐，她的家长又不干了，觉得以后不好找工作。我想起最近看的一篇网上挺火的文章，说我们这一代人学工程和经济，是为了让下一代人去学习历史和艺术。但是对不少家长来说，自家孩子真要把历史和艺术当饭吃，家长又觉得不值当了。

我去美国访学的时候，碰到波特兰的一个私立名校的校长，闲聊之后得知他有三个儿子，一个在当兵，另外两个当农民，而且离他的家车程1小时之内。他觉得这很正常，他无法理解为什么中国家长这么狠心把十四五岁的孩子就送到他的学校来留学。校长的孩子务农了，这要是在中国人的观点里，就会认为你这个家长不合格，没有把孩子培养好。这位校长跟我说，他接触中国学生和家长多了后，从开始不接受，慢慢觉得中国人这样看重孩子的教育还是挺不错的，只是他和很多西方家长没有这样的价值观和决心，将如此多的金钱和精力投入其中，他们觉得养育孩子只是生活的一部分，而不是全部。

可是中国多数家长，做不到不为孩子付出全部。

现在家长为了孩子学英语，真的是花了好多钱。一个暑假花几万给孩子补习英语，一点也不奇怪。有些小学高年级学生找一对一辅导，外国老师教，一小时就得花费1 500元，一个下午家长的5 000元就没了。一些读公立学校的孩子，家长让他们补习英语时弥补心更强，花钱更多。我碰到过一个公立小学六年级的学生，英语确实很好，一点不逊于国际学校的学生，跟家长一聊，北京叫得上名儿的英语培训机构，就没有这个学生没上过的。

但是就英文应用能力而言，在补习班学出来的，和在国际学校学出来的，还是很不一样。这根本不是拿个什么等级证书就能衡量的，国际学校除了英文教学以外，最主要的是给予学生一种批判性的思维方式和探究式的学习方法。要是读国际学校就为学个英语，那才是买椟还珠呢。不是加几个老外讲讲英语课就算国际学校了，国际学校首选必须有真正的国际课程项目，IB为什么现在受中国知识阶层家庭的追捧，146个国家，几千所学校的孩子都同步在学，世界上最顶尖的大学和企业都喜欢IB学生。

但是选择国际学校别叶公好龙，国际教育的课程项目是一个极小众的道路，并不适合所有人。朋友说：我得把孩子转到你们那儿去，以前我生意伙伴的孩子都读名小学，现在都转到你们这种贵族学校了。我还得给他解释，国际学校根本不是什么贵族学校，贵族学校的首要特质是全封闭寄宿制。北京的国际学校几乎都是走读的，主要生源是被派到中国工作的外籍人士，"贵族"做外派雇员的应该不多，中国学生家庭也多为殷实的知识阶层。孩子上学攀比是很忌讳的，教育不能攀比，每个孩子的特点不一样，是比不来的。

家长衡量自己的孩子是否适合国际学校，既要考虑自家经济水平，也要了解：读国际学校的孩子可能没有国内学籍，等于丧失了回归传统教育的机会。而且，国际学校并不是像很多人想象的那样，一味实行宽松教育。追求给孩子极致的自由您就在家学习，不管什么学校都是讲规矩的地方，国际学校很多方面的规矩比传统教育还要严格得多。

国际礼仪和自我约束力是从小学一年级就开始抓的，师生平等的大氛围会有利于社交素养和自律感的建立。国际小学是肯定不会接受没有规矩和散漫无礼的小朋友的，学习过程中确实无法融入的小朋友有可能中途被建议离开。国际学校和西方的大学一样，采取宽进严出的政策，淘汰率是很高的。那些被国际学校淘汰的学生，他们又很难回到传统教育体制中去，出路也只有低龄留学。低龄留学对学生考验就更大，现在是走的越来越多，同时被国外中学劝退回来的也越来越多，多数回流的小留学生会选择沉默。有的孩子再回到国内补习，准备补一两年再出去，但有的孩子走这条路就是走得很艰难。就算考上美国不错的大学，中国学生的淘汰率也不低，所以家长们也不要盲目推崇西式教育，西式教育到了中学和大学阶段，对学生的要求也是非常严格的。

一些家长为了孩子今后更能适应国外教育，很早就把孩子送出国。我觉得低龄留学适合内心强大、外在自控能力强的孩子，不然很多海外高中大陆孩子扎堆，比富、逃课、谈恋爱、打游戏……有些是富二代，家里有钱，孩子也不愁出路，那另当别论。但是工薪阶层的孩子进入这种圈子，那整个家庭承担风险的能力就很小了。工薪阶层家庭的孩子，他们的出路在于好好学习，考上一个不错的大学。在越来越多家长推崇国际教育的今天，我觉得家长们应该明白，西式教育并不等于完全的宽松，也不等于每个人都有很好的出路。

曲折转校 家长的选择焦虑症

段凌（化名）对于我的采访始终有些谨慎，为孩子教育问题所操的心，让很多家庭有着不足为外人道的苦涩和艰辛。择校如一场战役，段凌选择让一双儿女辗转于公立、私立、国际学校和国际班，却逐渐感悟到，什么样的路径都可以到达目的地，只是沿路看到的风景不同而已。

理想与碰壁

我们一家2005年搬到北京时，大儿子正在上小学五年级，小女儿正准备进幼儿园。来北京之前，我们生活在海南，儿子在一所公立小学读书。作为家长，我和老公对于教育问题并不是没有思考，但是当时的资源很少，想法也有些过时，比如阅读，带儿子去过很多次书店，书架上孩子看的书很单一，我们能找到比较好的书就是四大名著简写版了。因为老公工作调动，我开始关注北京的楼盘。在网上查找楼盘信息时，进入了各个楼盘业主论坛，结果发现大家谈的全是择校问题。不仅是小学升中学的家长很紧张孩子能去哪所学校，哪怕是给孩子选择幼儿园，家长们也有很多的讲究。给我带来冲击的不是紧张的择校，而是在家长们择校过程中讨论并传达出的西方教育理念。

本来我对于搬迁到北京兴趣不大，海南的生活很舒服，生活成本很低。可是查询了不少论坛后，我发现我原来生活在一个相对封闭的世界，对孩子的教育理念远远落后于外界。而网络上北京的家长有一种特别的氛围，这种气息虽然陌生，却让我相当兴奋。我感觉北京的资源信息很丰富，平台更大，为了孩子的教育，我们一家义无反顾地搬到了北京。

我们在北京买了房子，儿子就近上了一个小学，我准备在他小学升初中的时候，争取让他进重点中学。小女儿需要上幼儿园了，我在打听幼儿园的过程中，发掘到各种教育论坛和博客，开始接触西方教育思想。北京的不少家长都有海外工作或留学的经历，他们大大打开了我的视野，带给我前所未有的学习动力。经过仔细比较，女儿被我送进了一所新加坡人办的双语幼儿园。

几年后，要给女儿选小学了，我选了一所很小众的私立学校。后来我发现，这里几乎集中了北京市所有另类的家长。这所学校是一个对教育极有热情的高材生创办的，租了一个不大的场所作为校址。学校不以盈利为第一目的，收费比一般私立学校低，主要是为了实践大家的教育理想。家长们的受教育程度很高，思想特别活跃，对办学的参与程度很高。于是这么一群眼里闪着理想光芒的人聚到了一起，他们希望避开应试教育，以西方教育理念为基础，给孩子们创造一个个性能得到充分尊重和发展的环境，让孩子们在爱中自由成长。

学校的办学形式向西方学习，小班授课，老师的办公桌设在教室里。无论是老师的工作氛围，还是老师和孩子之间的交流，都特别温馨和真诚，家长们去了学校感觉很贴心，小孩子也过得非常愉快。

但是一个学期下来，家长们发现问题了。这样的学校虽然非常人性化，可是招募到的老师，教育热情高于专业能力。因为学校首先找的是有爱心有教育理想的人，这样它的招募范围就变窄了。再加上这所学校待遇不高，也不像公立学校那样稳定，对老师的吸引力有限。所以进到这里当老师的人，往往有理想有爱心，专业水平却很不整齐。比如我的儿子在海南上小学时，学拼音对他来说不是一个问题，可我女儿却学得糊里糊涂的。我是那种对孩子盯得不算紧的妈妈，有些家长几乎全程介入教学，一堂一堂地在学校里听课，发现老师教学水平不高。

家长们慢慢发现，大家抱着很大期望的私立学校，它解决了一部分问题，在实现理想的过程中却又产生了另外一些问题。当大家发现这里的教学质量没有我们期望的那么高之后，有能力的家长就自己在家给孩子补课。每个家长的想法也不一样，有些家长认为，借助学校这个宽松的环境，家长可以腾出应试的时间，搜集各种资料，亲自把握孩子成长需要的各个环节。

可是对于多数家长来说，送孩子到这里来上学，希望他们自由成长的同时，也希望学校提供一套寓教于乐的学习方法。在这一点上，家长们的想法特别活跃。比如有个孩子的妈妈，她在外企工作，去北欧出差机会很多。每次出差，她都利用空余时间去北欧的学校听课，回来告诉我们，中国的教育落后人家100年。她说，北欧的小学老师已经在用分组讨论的方法教学，上课学生们看自己感兴趣的读物，然后向老师提问题，老师根据孩子各自的兴趣点来教学。我听了后也特别向往，感觉有点类似于日本儿童读物《窗边的小豆豆》里的教学模式。

有一天这所学校的体育老师生病了，刚好让提倡分组讨论的这个妈妈去代课。她虽然不懂体育，把孩子带到操场后，她问孩子们希望今天怎么上体育课。孩子们七嘴八舌，这个家长就把孩子按照相近意愿分成几个组，让他们各自做自己感兴趣的活动。这位妈妈跟我们说，这就是分组教学法。北欧的孩子上课并没有固定内容和标准答案，而是在老师的引导下，根据孩子对学习兴趣的不同要求分组讨论，在独立思考中学习。

　　可问题是，越是这样开放式的教学，对老师的要求就越高。老师必须有很广的知识面，灵活的思维方式。而我们应试教育培养的老师，怎么去实现家长们的这些要求呢？这位妈妈跟学校商量，就算不能全天都用分组讨论的方法，那能不能在部分课堂上实验这样的教学方式？但显然家长的想法远远超出了学校的能力，这件事只能不了了之。

　　慢慢地，一部分家长就有了碰壁的感觉，感受到了理想和现实的差别。国外的理念在中国的土壤里开出的花儿，不一定就是鲜艳的。公立学校好比肯德基、麦当劳，它的问题在于过于标准化的程序，但至少基本教学不是问题。公立学校的问题是课外的问题。可是如果我们选择的私立学校，连课内教学都成为问题，那就是连标准程序都没有达到。我女儿在这所学校读完了小学二年级，我们感觉到孩子这样下去，跟公立小学的孩子基本功相差越来越大了，必须给她转学。

　　这时我才感受到，理想和现实是有差距的。有一次开家长会的时候，一位家长站起来说："我们的孩子不是小白鼠，不是用来做教育实验的。"家长们以为自己看得很清楚了，可是实际上无论是教育者还是家长，都在摸着石头过河。具体到一个新类型学校的成长，或是在引进西方教育过程中，必须有一个摸索的过程，学校、家长和社会都需要积累经验，我们的孩子客观上就成了小白鼠。

不会回到体制内

私立小学的道路没走通，后来听说这所小学又撑了一两年后，因各种原因解散了。我女儿这拨同学的家长们，也各奔东西。不过我并没有受打击，我觉得女儿在这所学校最大收获是品格教育，学校在她心里播下了一颗爱的种子，让她有了最初的爱的能力，这使她终生受益。我至今都坚定地认为这比她知识上的进步重要得多。只是做妈妈的都很贪心，要了这个还想要那个。每一种选择一定有利弊，但无论哪种利弊都是一种经历，经历没有对错，经历也使我和孩子共同成长。

我原本受北京的家长们影响很大，对于西方教育非常认同，谁知道实施起来远没有想象的那么简单。而且如果一开始就给孩子选择了另类学校，孩子就很难回到主流教育模式里边了。即便是偶尔感慨还不如回到主流教育里去，但这也只是家长在重重压力之下，想要逃跑到更安全、更熟悉的道路上的一种本能。

我考虑到女儿性格不是特别乖巧，如果去公立学校性格会受压抑，所以我和老公商量后，希望她去一个既不像公立学校那么功利，又不像之前那所过于理想化的学校，我们选择了另外一所私立学校。它的课程和公立学校一样，很多老师也来自公立学校，但是整个管理比公立学校人性化一些。结果没想到，刚转去这所学校之后的一段时间里，我女儿每天放学后，一上车就大哭。

因为她之前在我精心挑选的幼儿园和小学里，老师对孩子特别温和，而这所学校的老师对孩子要求高，急了也是要骂人的。我女儿完全接受不了，天天跟我吵闹："老师怎么可以这样对我说话？""老师又骂我了，我要回去。"我和老公这才意识到，幸亏给她转学了，不然她一直生活在一个温室里，接受不了真实世界没有特别关照她的情感。可能西方发达国家人均教育程度高，人和人之间就是特别客气，学校的彬彬有礼和外部大环境是一致的。可是我们这儿还没到这个程度，真实生活中人和人之间没那么客气，女儿必须适应真实社会。

就这样闹了一个学期，女儿痛苦，我们家长也承受了很大压力。终于她慢慢适应了，明白了人与人之间的态度有差异是正常的，也明白了这个世界不会因她的不喜欢而改变。她曾经很抱怨的一个英文老师，脾气比较急，和女儿冲突不少。一次开家长会，这位老师告诉我们，她因为个人原因即将离开学校，说着说着老师自己就哭了起来。我回家后将这个消息告诉女儿，没想到女儿第一反应就是抓起电话，打给这位老师，说老师你怎么可以离开？你哪也不能去！最后家长和孩子们硬是把老师留了下来，这也是我感受到私立学校独特的地方，师生之间、同学之间的情谊特别深刻。

那一刻我也突然发现，孩子远没有家长们想象的那样脆弱。女儿哭闹了半年，我也没见她留下什么心理阴影，有什么扭曲。对孩子来说，并不是遇到一点挫折，就会造成很大伤害。回想我们家长，在现实和网络的交流中互相影响，好像潜意识里与公立学校为敌，听到的都是公立学校的弊端。可是我后来发现，身边朋友的孩子们，无论是上公立小学还是公立中学的，学校课余活动也很多，不是所有公立学校都是一天到晚死念书的。

离开主流学校，是想得到更好的教育。但是有过小学一二年级的经历后，我发现西方教育移植到中国有诸多水土不服。回头看，公立学校的孩子也没有想象中的扭曲，家长们的心里百味杂陈。

实际上大多数家庭在为孩子择校的时候，都会考虑经济因素。那种完全不在乎花多少钱的家庭，至少我身边没有。在北京让孩子接受私立或国际学校教育的家庭，经济状况不一定都很好。家长在选择这条路时已经做好了即使卖房，也要让孩子在国际化道路上走下去的准备。

经历过不同学校之后，我有些意识到，中国不同教育模式之间的区别，被人为夸大了。现在如果再有人问我择校问题，我会告诉他：幼儿园和小学，让孩子就近入学吧。在我看来，不同学校出来的孩子，并没有太大区别，而家庭对孩子的影响，远远超过学校。

摆脱不了的应试教育

我对公立学校并不是没有了解，2006年我儿子小学升初中，进了朝阳区的一所重点学校。他没有北京户口，问题反而变得简单，直接交了几万元赞助费就进去了，可能前几年的竞争没有如今这样激烈吧。这所学校是百分之百的应试教育，我儿子初中这三年，几乎没有在夜里零点之前睡觉。每天都是做不完的作业，他放学回家后，吃饭、喝水、去厕所都要汇报一下，因为如果他为这些事情多花了时间，夜里零点之后就又要往后拖一阵，才能完成作业。一个十几岁的孩子，连发会儿呆的时间都没有。那三年我跟儿子的斗争，就是怎么让他能在零点之前睡觉。

我觉得儿子实在太累了，曾经到学校跟老师沟通。老师二话不说，随便叫了身边几位学生过来，粗声问："你们都是几点睡觉的？"几个孩子都说是晚上21点或22点睡觉，弄得我无话可说。后来我又仔细了解了一下，原来这些孩子课间不休息，中午不休息，全部用来做作业，这样才能夜里早睡一点。实际上孩子们的全部时间都被作业占领了。

这三年我儿子的变化也挺大，他小学毕业的时候，还是一个爱好很广泛的孩子，我带他去学书法，他提出来还想学国画，对生活很有热情。初中三年的应试教育下来，我儿子变成了一个整齐的理科男，除了必须完成的事情，他对社会话题、读书看报之类的半点兴趣也没有了。对未来毫无想法，跟他说什么他也提不起兴趣，失去了好奇心，一切都等着被安排。我儿子初中这三年，我看着他忙碌，却触摸不到他的灵魂。我如果不推动他，他什么事情都不想干。这就是题海战术的魔鬼训练，带给孩子个性的侵蚀吧。后来我才意识到，这三年家长应该做点什么，让孩子感受到学习之外的乐趣。可是家长即使真想做什么，也插不进手，孩子所有的时间都在写作业，家长能做什么呢？

我和老公期望孩子去国外接受大学教育，希望他走出去看世界，希望他的人生有更多体验，希望他的未来有更多选择。因此，儿子初中毕业后，我让他去读国际课程。我的亲戚朋友常对我说：你得放手了，问问孩子自己的意见。实际上他每走一步，我也征求他的意见，问题就在于他没什么想法，你告诉我怎么走就怎么走呗。我又开始研究北京学校能提供的国际课程，比如IB课程，国际认可度很高，但是它强调综合能力的培养，对语言要求非常高。A—level课程偏理科，中国学校将它单一化了，对英语要求反而没有那么高。

我考虑到儿子英文水平不够高，并且他偏好理科，给他选了A—level课程。开始选的是一所私立学校，管理者和老师全是中国人。学校的管理者认为，教学还是中国人行，中国的学校并不容易请到好的外教，还是应该用中国人的方式来学国际课程。我对这个学校挺认同，可儿子读了一阵我发现问题了，老师们用中文讲授英文课程，儿子的语言问题难以提高。他以后要去国外读大学，在这里并没有解决他的语言问题，而是把矛盾推后了。儿子正处在青春叛逆期，不愿意背英文、不愿意考托福或雅思，我们那段时期和他冲突特别大。

所以他在这所私立学校读了一年之后，我决定给他转到某所著名公立高中的国际班，基本全是外教上课。可是没想到这两年更让人痛苦。从全中文环境一下到全英文环境，很多孩子难以适应，上课根本听不懂。外教认为学习是个人的事情，管得很少。每个班虽然配了一个中国班主任，可是不像公立学校那样考核严格，班主任压力不大。国际班的同学是为了上国外大学走到一起的，平时彼此没什么联系，上完课就回家，也没有任何校园文化。这时候我们作为家长想帮孩子，他却正值青春期，反弹特别大。

这时候我开始怀念儿子初中时，公立学校那种保姆式的教育了。老师比家长还急，一个班几十个学生，老师并不是只关注特定的孩子，而是对每个孩子的一点进步和退步都不漏过。一次我儿子考数学的时候，有道题目不会做，空着没填交了上去。老师为这点事又让我去学校，陪着一起挨批。因为老师认为，即使儿子算不出答案，至少应该把推理过程写一点，不然太不认真了。每次我去学校，也都能看到别的家长陪着孩子挨批。公立学校的老师工作量真是超乎想象，我一天到晚被老师追着，觉得节奏太紧迫。可是从老师角度来说，一个人管几十个人，那得多强的责任心和抗压能力啊。

到了国际班之后，我感觉儿子一下子被甩出了大队伍，没人管了。这些不以高考为目标的孩子，一方面要参加高中会考，拿到高中毕业证书；一方面要拼命适应国际课程，争取被国外大学录取。孩子的压力非常大，可是他们一下子找不到学习国际课程的方法，很多人成绩退步特别快。一次开家长会时，有位家长当场问道："我的孩子初中那么优秀，现在为什么变得这么差？"她很痛苦，找不到答案。还有一些家长对国际课程完全不了解，认为自己的孩子在公立学校不太行，是不是换一个体制就好些。体制解决不了学习能力的问题，这个体制下不行，换个体制仍然不行。更何况国际课程还有语言的问题。而语言能力，会直接影响学科成绩。关于这一点，很多家长和孩子都是估计不足的。

为了让儿子成绩提高，我又急着给他找家教，教他SAT、TOEFL等。一对一的私人家教很贵，通过私人关系找到的是300多元／小时，通过机构找的需要四五百元／小时。儿子还得同时补好几门课，儿子出去补习一次，一两千元就没有了。走这条路的家庭，经济压力越大的，对孩子要求往往越高，家长的情绪也最容易失控。走这条路的孩子，没有退路，只能往前。

我感觉到空前的压力，如果跟着中国教育的大部队走，孩子辛苦，大人相对来说会省心很多，因为这个担子是学校和家长一起扛。如果让孩子继续在公立学校读高中，至少这条路会很清晰，现在把孩子从公立体制里拉出来了，如果我们的孩子拿不到国际课程的文凭，又没有高考成绩，是不是把孩子这一生给毁了呢？如果参加高考，起码有书可读。可是我们选择了一条非主流的路，孩子不可能再回去。

而国际课程有着比较高的淘汰率，比如IB课程，它是国外那些学有余力的孩子去考的，对母语是英语的孩子来说都比较难，何况是我们中国人呢？孩子要想取得国际课程的好成绩，仅凭国际班的两年学习很艰难，最后成了"洋应试"，用典型的应试方法去学习国际课程。走非主流道路，家长需要付出的金钱、精力和承担心理压力，这条道路的艰辛，实际上超过了很多家长最初的预料。

既然回不去公立体制，儿子只能背水一战了。那两年我一直逼儿子，他在最后时刻考了雅思，拿到6.5分的成绩，进了多伦多大学。他是那种典型的应试教育下成长起来的孩子，传统教育给了他理科扎实的基本功，但也让他失去了对周遭事物的热情。虽然最后的结局不错，考上理想大学，但是我更期望他能通过外面的世界，多看，多体验，多经历，更期望这些经历能激发他内心的热情，使他的人生多一些色彩。

女儿仍走国际路线

虽然在儿子背水一战的时候，我特别怀念公立学校保姆式的教育，但轮到给小女儿做选择时，我还是把她送进了国际学校。我女儿同学的家长，有不少人是大学老师，他们自己都说国内的大学没法读，水平差。我认为儿子的被动局面，是因为他接触国际课程比较晚，后来只剩下两三年的时间快速提高英语，压力非常大。我希望女儿比较早接触全英文环境，这样她会轻松一些。

我原本打算女儿小学毕业后再去国际学校，一打听才发现，这几年国际学校变得特别火爆。家长们认为：最终是要送孩子去国外读大学，可国外大学对英文的要求非常高，过去内地的优秀大学毕业生，出国读研究生，研究生阶段的课程专业性强，对英文要求还不是特别高。可是本科是综合类的教育，涉及范围广，对英文要求其实更高。那么为了适应国外大学，最晚初中应该让孩子接受全英文环境。可是小学升初中进入国际学校越来越难……于是提前到小学。

我们不得不提前一年，做出不少努力，才如愿让孩子上了一所不错的国际学校。本来女儿在原来的学校成绩不错，进了这所学校之后发现英语落后了一大截，因为这里的孩子们英文能力都特别强，所以女儿英语得补课。现在想上国际学校的人数剧增，竞争水涨船高，走这条路的竞争激烈程度与公立学校相比已经毫无区别。

现在我女儿进了国际学校的双语班，还没有转到完全的英文班。看起来女儿如愿进了一个不错的学校，但是我现在一刻都不能懈怠。北京的很多国际学校或是国际班，学校为了保持很高的毕业率，如果学生在毕业前一年的成绩不好，会劝学生复读或是离开。这些被淘汰的孩子，只有出国这一条路可走。我曾经也激烈思想斗争过，是让孩子在国内混文凭，还是让她进入看重能力培养的IB课程，答案自然是后者。

我曾经很痴迷于教育论坛，觉得上面的家长都是同道。可是我待的时间长了，发现论坛里边基本上是报喜不报忧，有些孩子去了国外读大学，连毕业证也拿不到，可是大家愿意说出来的，都是好的一面。

　　我现在已经尽量不上教育论坛了，有些竞争我不去参与了，不然大家走在一条跑道上，你看到别人已经跑远了，自己能没有压力吗？我越来越感到，孩子们教育方式的竞争，实际上是家长之间的竞争。这个竞争是个无底洞，没有标准，没有底线，可以使家长们变得很疯狂，去钻牛角尖。

　　我无法给自己划定一个界限，我也无法做一个超然于世的妈妈。我只能尽量做到在各种信息到来时不断调整心态。离主流方式越远，家长和孩子的压力越大。虽然我给两个孩子都选择了接受西方教育，可是看那些公立学校的学生，也有很多优秀的孩子，他们当中也有人出国读本科。凭心而论，无论走哪条路，都能达到同样的目标，家长应该根据自身和孩子客观条件选择一条适合自己的路。

　　其实选择太多也未必是好事。北京这么大一个平台，信息量大，资源多，家长往往又容易陷入选择焦虑中，生怕自己一个选择失误，耽误了孩子的前途。

　　我有个朋友，她的孩子比我家孩子大，每一步都走在我前边。在我最纠结的时候，她告诉我说，无论你选择哪一条路，无非是选择了一段经历，跟到达什么样的终点没有必然的关系。关键要看你更愿意她经历怎样的一段路程。她的这段话让我卸下重担，让我从选择的焦虑中走出。是的，经历没有对错，不同经历带来不同成长，更带来不同风景与领悟。我常跟孩子们说，我们没有钱也没有房子给你们，我们的钱全投进了你们的教育。我们能做的是尽力为你们搭建更大更高的平台，但是能不能飞，能飞多高，就得看你们自己了。

国际学校：勇敢者的冒险

国际学校教育体系的迷人之处在于，它既给每个孩子留出了自我空间，又让他感受到了被关注的存在感。但国际学校是把西方的教育理念和模式镶嵌到中国环境的一种教育模式，就像对外来物质的天然排斥反应一样，这个嫁接进入的教育模式必然会和周围环境表现出诸多的不适应。

昂贵的选择

第一次见 Funny，是在北京星光天地的一间咖啡厅。生于 20 世纪 50 年代的她，看起来和同年龄的人很不一样，穿一件牛角扣大衣，呢子及膝裤，宽大的红色鸡心领毛衣里面，是红色的法兰绒格子衬衣，言谈举止充满同龄人少见的活力和自信。她大学读的专业是西方音乐，曾经专门去法兰克福学习古典音乐，还是北京市吉他协会的会员。如今则是一名身兼数职的自由职业者，既教授钢琴、西班牙古典吉他，也从事心理咨询工作，有时候还帮人做形象设计。她说自己求学和工作都是在"非常西化"的环境里，这让她在自己所属的年代里，做出了很多与环境有着极大反差的决定，其中看起来最背离常规的是她选择的育儿道路。

"儿子很小的时候，我就去燕莎的外国玩具专柜给他挑玩具。"Funny 对我说。她买得最多的是在"玩具舶来品"中享有盛誉的乐高。这是一种类似积木的拼接式玩具，但乐高通过在塑料的配件表面制作出各种凹凸形状，大大提升了玩具的黏合度和成型功能。依靠工业技术对积木小小的功能革新，玩具商在商业社会将它开发到极致——乐高系列的用户从几个月延展到几十岁，婴儿和老人都是它的消费对象。20 世纪 90 年代初，Funny 的孩子才三个月时，Funny 就推着到他到燕莎的进口玩具专柜选购乐高。当时燕莎还是北京少有的高档西方商品消费场所，玩具专柜前挤满了前来观看，却又很难下决心购买的中国父母。一套进口玩具动辄好几百元，对当年一个普通的中国家庭来说，很少会给孩子玩具预算如此高的金额——这不仅是消费能力问题，更是"孩子成长更需要什么"的观念问题。在"买一套昂贵但让孩子得到快乐"的玩具与"买一套昂贵但让孩子学到知识的课程"之间，大部分中国家长只会对后者掏出钱包。

但 Funny 不这样选择。她有一个在当时看来颇为离经叛道的理念：对孩子来说，学习知识不重要，快乐才最重要。"人生会有很多挫折，很多意想不到的磨难，我希望孩子长大后是一个幸福感指数很高的人，即便未来只挣很少的钱，或者遇到很大的打击和困难，但他的嘴角还能有一丝微笑。"Funny 用一个艺术工作者的浪漫来描述她认为孩子成长最需要的能力——抗打击能力。她认为成年后关键时刻的处变不惊，来自于一个人小时候感受快乐的多少。"我研究过心理学，在 16 岁之前，孩子的心灵需要得到绝对的保护。在这之前所有的挫折和伤害，都会给孩子的内心留下伤痕，这种伤害是不可逆的。"

　　玩具是 Funny 用来给予孩子快乐的一种方式。他们家并不算非常宽裕，丈夫是工程师，Funny 的自由职业能让她获得很大程度的身心自由，却不能提供非常丰厚的收入。但这个家庭在乐高玩具上的累积支出达到 39 万元，家里的配件多得足够开一间乐高游戏室。因为是 20 世纪 90 年代乐高在中国少有的忠实用户，Funny 和儿子还上过《中国日报》的英文版。

　　玩具并不是 Funny 为孩子做的最昂贵的支出，只是她漫长育儿道路的一个隐喻：这位生于 20 世纪 50 年代的中国妈妈，笃信西式的育儿方式和产品，并不计代价地实践并坚持她所认定的方式。她不仅为孩子选择了昂贵的乐高玩具，还选择了台湾人办的幼儿园，英国人办的国际学校。随着孩子的成长，这条西式教育之路的代价也越来越昂贵。近 20 年前，国际学校在北京还是个新鲜名词，仅有少量为外籍在华工作人员开设的学校，并不是中国家庭可选择的教育产品。Funny 的孩子入读的国际学校完全按英国的学制、教学方式和收费标准，一学年分为 3 个学期，每学期学费 5 万多元，一年的学费接近 18 万元。在 90 年代初，鲜有中国家庭愿意负担这么昂贵的费用，去购买一种与国内公立学校迥然不同的教学方式，入学时 Funny 的孩子是学校里唯一的中国学生。

　　选择什么样的教育，不仅事关个人喜好，更是一种与代际相连的价值观和生活方式。Funny 在 20 世纪 90 年代初，就想要为孩子提供一种与传统完全不同的教育方式，她因此跳入了一个巨大的阻力漩涡。最初的阻力来自家庭内部。"为了减轻孩子从幼儿园进入小学时的不适应，学校规定一年级可以陪读一段时间。我妈妈退休前是老师，还曾经被评为北京市优秀教师，因此觉得自己很懂教育。她去陪读了一个星期，回来后极力反对孩子继续在那里上学。她说国际学校什么都不教，就是让孩子玩。"昂贵的学费则是另一层压力——Funny 的家庭生活一度非常拮据，甚至曾因为学费问题将孩子转学到英国一年，再从英国回到中国公立学校的国际部就读。求学之路颇多动荡，但 Funny 从没动摇让孩子远离传统教育的决心。

传统教育之弊

Funny 对传统教育的排斥一部分来自个体感受。她回忆自己的上学经历，将传统学校的教育评价为"老师不懂得爱，除了发号施令就是指责"，孩子在教师威权的压抑下，得不到尊重，也因此丧失自信和快乐。

直到 2014 年，就读于国内公立学校的孩子依然有着和 Funny 相似的感受。12 岁的女孩陈钦怡刚从国内一家公立名校转到了一所国际学校。当向我比较在两种不同体制学校的感受时，陈钦怡讲了一个让她印象深刻的事情："在公立学校的时候，有一次我负责做板报，原来的做法都是把板报内容打印后贴出来，因为我学过画画，觉得打印的字没有艺术字好看，而且在电脑上做很费时间，于是就准备了一个手写的艺术字版本，但老师坚决不同意我的想法，说一定要按原来的做法打印，这样显得更整齐。"用美术字还是用打印版，看起来是件鸡毛蒜皮的小事情，但对一个孩子来说却包含着若干个具有突破性的选择：是不是要打破办板报的常规？怎么样实现自己的新想法？敢不敢说服老师接受自己的想法？成长就是由无数个这样微小的选择累积而成的。在自主选择并获得认可的过程中，孩子慢慢建立起自尊和自信。但以老师威权为核心的传统教育在大部分时候剥夺了孩子自我选择的权利。虽然陈钦怡已经画好了艺术字，但老师还是坚持按原来的方式，将板报做成打印版。陈钦怡没有做什么争辩就顺从了老师的决定。"我想还是不要跟老师争吵，不然他会生气，会说'你别浪费我们的时间'。"这个12岁的小女孩腼腆、礼貌，即便在谈话中模仿老师发怒时提高音量的语气，也是缓慢安静的神态，但能感觉到被迫放弃自己想法后隐忍的挫败感。她的平静中包含着一种小孩子的无奈："我也没有办法，老师总是对的嘛。"

陈钦怡曾入读的公立学校是北京市一所名校，不少名人的后代也在此就读。对很多选择传统道路的家长来说，无论从硬件还是软件衡量，这所学校都是让人羡慕的教育起点。但孩子的评价标准却迥异于成人，他们看到的学校和成人社会中口口相传的学校颇有不同。"学校的硬件设施是很好，甚至比我现在就读的国际学校的设施还多，但大多数时候都不开放。"陈钦怡对我说。她很喜欢学校走廊里陈设的一些感应装置，比如伸手过去就会亮的灯，或者一有外界力量进入就会徐徐展开的荷花……但如果不是有领导或者来宾参观，这些勾起她好奇心的有趣装置，只是走廊里死气沉沉的摆设，既不发光也不会动。在孩子的眼里，老师的素质也不太够得上"为人师表"，"他们在办公室里穿着拖鞋，有的老师还把脚放在桌子上，好像办公室就是他们自己撒野的一个地方"。在公立学校里，陈钦怡最喜欢一位教授实验课的老师，但喜欢的原因并不是从这位老师那里获得了多少知识，而是因为得到过一次情感上的支持。"有一次学校举办种植比赛，我们小组按照老师教的方法操作了，但种子发芽后又死了。我们觉得实验失败了，都很沮丧。但后来老师调查发现种子是坏的，他向我们道歉，最后还奖励了我们。"对孩子来说，有太多看起来微不足道的挫折需要成人的理解和鼓励。陈钦怡对这位实验课老师的评价是"善解人意，能听进去我们的感受"，但"这样的老师很少"。

这些看起来与学习不相关的事例，会对一个孩子的心理形成什么影响，或许难以详述，但一个 12 岁的孩子已经能很敏感地分辨出周遭环境中有多少是尊重和善意，还有多少是轻视和压抑。陈钦怡说自己在公立名校上学的日子并不快乐，这种不快乐的感觉不是绝对的，也并不强烈，"因为学校里还有很多朋友"，但从机构层面，她感受到的温暖和尊重很少。她的不快乐是孩子天性和自我意识被压迫却又无力反抗的不甘和无奈，这种并不明显，但却持续存在的低落情绪，只有接受了与传统教育不同观念的成年人才能觉察。

妈妈孙敏或多或少感受到了女儿的这种情绪。当传统学校还囿于体制进步缓慢时，很多家长已经在学着去体会孩子的感受，寻找更有效的和孩子沟通的方式。做母亲后，孙敏也阅读了很多有关教育孩子的书，并建立起自己对教育的取舍标准："教育的根本是要立精神，人在天地之间，怎样能既适应社会，又找到自我。"她将自己思考的"好教育"评判标准归结为几条："一是有利于孩子身体健康；二是帮助孩子建立自尊自信，以后到一个陌生环境中也可以找到自己的位置；三是情绪管理，能为负面情绪找到正确的出口；四最重要的是抗挫力，以后的世界瞬息多变，新问题层出不穷，孩子要有面对挫折的能力。"这是新一代家长的价值观，大大超越以分数和知识为标准的传统教育评判体系，需要一个不同以往的教育场所才能与之匹配。

尊重

选择国际学校的家长关注的重点各不相同，但他们讲述的故事中都包含着一个关键感受：尊重。

Funny 回忆自己孩子上国际学校的经历，有一个细节让她至今还颇为感叹。"有一次圣诞节，孩子班要演一个舞台剧，剧中的角色是各种动物，猴子、小猪、大象等等。我的孩子非常胖，所以我想他一定是演小猪。但结果并不是这样，没有让他演小猪，也没有让班上非常瘦小的孩子演小猴。老师解释这是对孩子的尊重，不能去强调丑化孩子的身材特点。他们为了尊重孩子，可以考虑到这么细致，这就是价值观的不同。"

2014 年，孙敏决定放弃这所众人羡慕的公立名校，将女儿转入一所外观和设施上并不那么风光的国际学校。这所学校和另一所公立学校合用教室，甚至没有独立的操场，学生体育课要到校外租借的场地上课，但陈钦怡却开始感觉到了上学的快乐。她感觉自己不再只是个俯首听命的小孩，而是有独立意识的学校的主人。学校的所有设施都可以使用，只需要刷学生卡，就可以使用学校的 3D 打印机完成作业，在图书馆任意翻看所有的书籍。这里鼓励她发表自己的意见。与老师争论问题，甚至是辨识优等生的一个重要标准。"我觉得自己更自信了，可以大胆跟人讲自己的观点，因为在学校每天都会跟老师讨论发表意见，交往和表达的练习几乎每时每刻都在进行。"作业留给孩子的操作空间也很大。最近陈钦怡正在完成的是人文课作业——描绘一条河流。她选择了欧洲的多瑙河作为模板，自己去网上搜罗了不少有关多瑙河的资料，然后画设计图，选择河岸的风景和建筑，再用 3D 打印机把自己的设计变成现实，最后还要为这条河流配乐。陈钦怡颇为享受这样的过程，既认识更广阔的世界，又可以加入自己的想象，在很大程度上成为自己意识的主人。

国际学校通常是小班授课。Funny 记得自己孩子上的国际学校，一个班只有 12 个人。"因为英联邦的学校规定，一个班级的人数不能超过 12 个人，这样可保证老师有精力关注到每一个学生。"陈钦怡现在就读的班级也只有十几个人，整个年级的人数相当于原来公立名校的一个班。限定师生比，也是西式教育践行"以儿童为中心"教育观的细节体现。"学生没那么多，感觉老师能关照到每个学生。"陈钦怡对我说，"每个孩子总是希望得到老师更多的关注。"

更多的关注对孩子的重要性在哪里呢？梅满的故事可能更说明问题。20世纪90年代，梅满的妈妈从武汉来到北京，从事设计工作。经过十几年的辛苦工作，她在北京三环附近买了房子，建立起自己的家庭，但仍然没有为自己和孩子获得城市的居住凭证——户口。

　　"2002年孩子出生时，我们考虑过孩子以后可能会上私立学校。"梅满的妈妈回忆，"不过当时只是个隐约的想法，并不是家庭决定，因为觉得10年后，情况可能会改变。"

　　但12年后，有关城市居住权利和凭证的规定并没有什么改变，如果孩子没有北京户口，进入公立学校有颇多限制，而且最终无法参加北京市高考。对以高考为最终指向的传统教育系统来说，没有北京户口的孩子就读公立学校是一条死胡同。因此在即将面临小学升初中的门槛时，梅满的妈妈决定将孩子转入一所国际学校。

　　在传统学校就读时，梅满在老师眼中是个不太一样的孩子。"老师曾经跟我说，觉得梅满太天真，有很多幻想。"在传统的评价标准里，这并不算一个值得称道的特点，包含着与环境有些格格不入的含义。进入国际学校后，孩子爱幻想的特质却得到了戏剧课老师的关注。她告诉梅满的妈妈："小满特别干净、单纯，他跟别的孩子不一样。"梅满的妈妈听到后，眼泪差点夺眶而出。每个孩子都希望被当成独特的个体得到理解，每个家长都希望自己的孩子被当成独特的个体获得尊重。国际学校对每个孩子的个性提供了更多的关注和肯定，这套教育体系的迷人之处在于，它既给每个孩子留出了自我空间，又让他感受到了被关注的存在感。

冒险

　　陈钦怡正在为明年初离开家去加拿大的一次培训做准备。这是她12岁人生的一次冒险——第一次独自离开父母，去一个陌生的地方待 3 个月。她已经在盘算要一个人在外如何自我保护的问题：比如应该带些什么物品，以备身体突然出现的不适状况；如果与房东发生冲突，自己应该怎么据理力争……

陈钦怡去加拿大是为了学语言。虽然她在公立学校读书时英语不错，而且坚持课外报班补习英文，但进入新学校后，仍然感觉到语言方面力不从心。国际学校是全英文授课，每个新入学的中国孩子的第一个难关都是语言。梅满从公立学校转入国际学校后，一开始面临的问题就是做作业的时间太长，常常写到晚上十一二点，甚至到凌晨两三点。"国际学校的作业与以前的作业有很大不同，更讲究逻辑、格局，而且所有题目都是用英文描述。很多数学题其实很简单，但描述题目的英文单词对中国小孩来说太难，所以他常常在看懂题目上就要花不少时间。"梅满的妈妈对我说。

家长也同样要遭遇陌生语言和课程的考验。"在我们家里，姥姥姥爷最先感到焦虑。"梅满的妈妈对我说，"他们突然完全帮不上忙了。"在大城市里，长辈参与是非常多的白领家庭的育儿模式。在传统学校就读的几年里，梅满的姥姥姥爷是孩子日常学习的主要监护人，但转入国际学校后，他们对辅导梅满的功课就无能为力了。除了语言障碍外，还有思维的代沟。传统课程里从来没有的作业内容，比如描绘一条河流，或者设计一个城市，都让老人们疑虑重重：孩子究竟能学到什么？

老人的担忧，一方面来自无法理解新的教育内容，另一方面来自对这条陌生道路前景的不确定。全英文授课，开放式的教学方式，改变的不仅是孩子的上学体验，也改变了整条教育路径。选择了国际学校的孩子，就很难再回到传统教学的框架里——这意味着他们就此放弃中国高考，转入一条看上去很美，但沿路却有颇多断裂的道路。

国际学校是把西方的教育理念和模式镶嵌到中国环境的一种教

育模式。就像对外来物质的天然排斥反应一样，这个嫁接进入的教育模式必然会和周围环境表现出诸多的不适应。教师就是个例子。国际学校有相当部分教师来自国外，他们的素质能力在很大程度上决定着国际学校的教学质量。但随着北京的空气质量越来越差，很多外籍人士都纷纷离开了这个城市。"可能会对教师的质量带来影响，因为可供选择的教师群体在减少。"梅满的妈妈对我说。

而在课程方面，不管教学方式有多么新颖有趣，但求学之路不可能永远轻松。入读国际学校的出路是进入国际高考的竞赛场。对中国的孩子们来说，不管走在哪条路上，他们都逃不开族群的竞争。美国拥有全世界最丰富、设备最齐全的教育机构，这让它的高考成为世界范围的竞争平台。美国的大学会倾向选择不同族群中的优秀者。也就是说，国际学生要进入好的世界级高校，还是需要面临和同族人的竞争。对中国学生来说，因为中国人的庞大基数，这条路的竞争同样激烈。孙敏对此有清醒的认识："IB课程并不好学，越到后面越难，甚至超过中国高考的难度。进入高中后，课业负担也会很重。"

因此，对选择国际学校的普通家长来说，他们像是进入了一条通向更广阔的未来，但却更冒险的陌生路径，家长们需要小心翼翼地在前面帮孩子瞭望着这条路上的险情，提前为路上的沟壑铺路架桥。对孩子来说，进入一个从语言到思维方式都完全陌生的教育体系也是一种需要付出心力的冒险，但路边能看到不一样风景的喜悦，会冲淡冒险的恐惧。就像陈钦怡所说："我喜欢多尝试一下不同的环境，因为那是我长大后要去的地方。"

成长笔记

第四章

移民家庭的西式教育实录

在一个人的成长过程中，没有任何人能否认
教育的重要性，可是又没有任何一种学校，
能够保证培养出来的学生都是一样的优秀。
当我们为孩子选择学校的时候，为孩子上学
大费周章的时候，容易忽视学校教育只是整
个教育中的一部分。

感觉不到考试的小学

在本书第一章中小璇的妈妈讲述她们在国内学校的经历，转学到澳大利亚后，母女俩对西式教育有了切身体会。

轻松的课业

2009 年底我的公司说澳大利亚有个项目，希望我过去工作比较长的一段时间。我希望小璇在国内把小学三年级上完，所以一直拖到 2010 年 7 月，我们全家搬去了悉尼。在选择学校时，我也问了不少澳大利亚本地的同事，他们反问我：你是想让孩子去华人多的学校，还是本地人多的学校？我想既然已经在国外了，应该让孩子融入澳大利亚人的生活，所以选了一个澳大利亚的富人区住下来，这里的邻居素质很高。我找了一所小区附近的学校，在孩子正式入学前，家长需要去学校找校长本人登记。接待我的校长是一位老太太，非常和蔼，也很职业，让家长感觉不到她在学校职责之外的欲望。可是跟国内老师打交道的时候，感觉就复杂一些了，国内名牌学校的校长给人的感觉是很傲气的。给孩子登记之后，我又带小璇去学校看了看，她一看学校操场装扮得像个公园，一下子就说：我喜欢这个学校！校长带小璇进了教室，给孩子们介绍小璇，我和小璇都能感觉同学们的眼神特别热情，非常欢迎她。老师对一个叫安妮的小女孩说："你来给小璇当小帮手吧，带着她来适应新环境"。安妮马上站起来，想给小璇挂书包。我告诉她，今天小璇只是来看看环境，还没有正式来上课，小安妮还有些失望。后来在小璇的小学阶段，她和安妮一直是很好的朋友。小璇上学后，头两周她对英语环境不是特别适应。幸运的是，她班上来了一个中澳混血男孩，这个男孩英文和汉语都能说，帮助小璇很快适应了环境。

澳大利亚小学的教育，比起国内小学的教育松散多了。老师总是带着孩子们往外跑，比如英文课老师带着他们去参观某个大学的英文系，科学课老师带着他们去博物馆，如果在中国，家长们肯定得说了，"这带出去大半天，得耽误做多少题啊"。孩子们作业少，老师也不给压力，所以每天过得很开心。

我作为家长总是意识不到孩子已经考试了，等她学期末拿着"A"或"B"的成绩单给我看时，我往往问："你们什么时候考试了？"有意思的是，孩子自己有时也不知道已经参加了考试。老师有时候在课堂上发张纸片，让孩子们写点什么，就算考试了。而且孩子几乎没有家庭作业！这是我最不能理解的，孩子根本不把课本拿回家。可是我们这些接受中国教育长大的家长，看到这样的教育难免偶尔焦虑，"这90～100分可差着10分呢，怎么全算A呢？"在国内的时候，孩子考了96分还是97分，都是不少家长要较劲的，在这里根本就没有这样的标准，将孩子进行特别具体的比较。

每年学校有一次老师和家长的谈话，老师会告诉家长们，孩子学了什么，比如数学方面有几何、算术、应用题，英语包括听、说、读、写，另外还有绘画、体育、音乐等课程。有时我会跟老师说，"觉得孩子A得还不够"，但是老师全是赞美孩子的话，觉得不用为孩子的教育太操心。

中国学生总在做题，而澳大利亚的小学教育是引导启发式的，孩子很少做填空、改错这样有标准答案的题，主观性的题目比较多，让孩子自己做探索。现在网络这么发达，知识是可以查找得到的，而学习和思维方式是需要训练的。小璇有很长一段时间不太适应这种理念，做作业得分不太高。比如她们的一次家庭作业是"你最喜欢哪个澳大利亚总理？为什么？"小璇不是土生土长的澳大利亚孩子，对历届总理基本不了解。但是她也并不需要家长直接帮助她，而是自己通过网络来查资料，做判断。过了一年多，她适应了这种开放式的教育方式，作业得分也高了。

澳大利亚的小学对家长的要求也很少，孩子自己上网查资料写文章，很少需要辅导。在北京的时候，很多家长对孩子的课跟得特别紧，每门课上到哪一页了，哪个章节都清楚。我有个在北京的好朋友，她的儿子成绩不好，可是她还给孩子报奥数班。无论是孩子的数学老师，还是补习班的奥数老师，都跟她直言：你孩子数学不好，学不来奥数。可是她告诉我说："等孩子进初中的时候，老师会问：你在外边补过英语吗？你学过奥数吗？如果我家孩子说没学过，那老师就更看不上他了"。唉，这可真是本末倒置了，孩子在学校接受教育才是根本，可是很多家长把补习班看得更重。这也跟老师的个人欲望有关，有些老师在学校里不教完全部内容，保留一部分到补习班才讲。家长们都怕落后，跟在老师屁股后边报班。

澳大利亚的孩子看重社交

小璇比较小就开始学习钢琴、滑冰，她也非常喜欢其他运动，我觉得小璇对滑冰是发自内心的热爱，钢琴不是很适合她，因为她不是安静的孩子。但是小璇九岁来澳大利亚的时候，钢琴已经是八级，比澳大利亚同龄的孩子高很多。因为钢琴，她可以在同学中出风头，另外也学了这些年，她也舍不得放下，所以一直坚持了下来。

小璇是个外向爱运动的孩子，在北京时课外活动也多，所以来到澳大利亚后很适应这里的学校教育。澳大利亚的学校给孩子留的活动时间非常多，学校和社区有各种运动俱乐部，这是孩子们社交圈的重要组成部分。

我觉得澳大利亚的孩子最怕的是没有朋友，社交上被同龄人排挤。如果有这种经历，对他们的人生会有持久影响。我来到澳大利亚之后，听这里的几个当地朋友倾诉时，她们谈到的人生低谷，基本都是与朋友决裂，或是被朋友排挤之类的事情。孩子如果害怕上学，不是因为成绩不好，而是交不到朋友。

到了澳大利亚之后，与其说解放了小璇，不如说解放了我。家长感觉到的不是孩子成长的压力，而是快乐。

澳大利亚的教育理念是因材施教，如果老师问你一道难题你答不上来，老师就会问你一道容易点的题。学生如果还答不上来，老师就再次降低难度。也就是说，老师是根据学生的水平来调整教学的。我的父母从北京来看望我们时，一起旁听了小璇参加的体操课。有的孩子动作实在是笨拙，可是老师还一个劲儿地夸奖，这要是在我们中国人看来，"这都什么呀，这还值得夸？"外国老师的思维是：如果这个孩子尽了他的能力，就应该夸奖。可是我们中国人老觉得，如果孩子水平不行，还一个劲儿地夸奖，他都不知道自己差。所以我们的老师和家长总是一再地刺激孩子："人家排在你前边呢，你不行！"我们中国的教育总是以最高标准来要求孩子，而澳大利亚的教育是根据每个孩子的水平来看待他。我想这也跟资源有关，好的教育在中国仍是稀缺资源，中国的好多资源都需要大家削尖脑袋去争取，家长们很自然地把压力传导到孩子身上，因为他们觉得孩子也会生活在一个资源永远稀缺的环境中，严酷的竞争会跟随人的一生。澳大利亚这样地广人稀的地方，生活水平发达，不少白人孩子十年级之后选择读职业高中。有些人拿到了大学通知书，工作几年再去读，也有退休了再去读大学的，选择非常多，竞争也远没有国内这么激烈。

现在我也和国内的朋友偶尔谈起孩子的教育，他们的孩子总是在拼命补习，我看完朋友发的微信，再抬头看看小璇又在看电视，不由得会着急。小璇现在已经读初二了，她的数学考了全校第三名，我觉得还不够。可是小璇说："头两名的华人学生都是那种拼命补习的，完全没有社会生活，我可不愿意成为他们。"我带她来澳大利亚读小学时，把国内的小学课本带来了，那时候我觉得待两年可能会回国，怕她回去跟不上。所以小璇在这里的小学时光还挺充实。现在我们决定不回国了，小璇到了中学后，就完全按照澳大利亚孩子的方式成长了，我再怎么逼她多学习，她也不听了。不过她的成绩一直很好，只是我不由自主地希望她更好。

　　真要我比较中国和澳大利亚的教育，我觉得也不能说澳大利亚一定比中国好。澳大利亚的教育尊重孩子，孩子非常快乐，适合那些学习自觉的孩子。有些孩子天分和潜力都不错，但是比较懒散，是属于"打一鞭子才动一下"的类型。澳大利亚这里的学校不给孩子压力，家长也不怎么给孩子压力，我觉得会耽误了这类孩子。中国的教育很机械，可是也有它的好处，孩子很少浪费时间。

　　所以我觉得到底哪种教育好，要看孩子的性格是怎样的，家长给孩子定下的目标又是怎样的。

　　对于那些希望孩子以后在国外生活的家长来说，越早送孩子出国越好。但是如果他们希望孩子回中国发展，我觉得没必要小学和中学阶段送孩子出国。因为孩子接受西方比较松散的教育后，回国后很难跟得上，包括对中国比较复杂的社会环境和人情关系，也会觉得难以适应。

华人孩子在澳大利亚

　　虽然说澳大利亚的教育很少给孩子压力，但是澳大利亚的小学也有类似于国内的重点班，叫"英才班"。澳大利亚设立"英才班"的初衷，是让那些有天赋的、比一般孩子更聪明的孩子，集中起来进行更难一点的学习。但是现在亚洲家庭多了之后，"精英班"大多数被亚洲孩子，尤其是华人孩子占据了。

绝大多数的华人家庭，把我们在国内的那套学习方式搬到了澳大利亚。家长拼命给孩子报各种补习班，像奥数班这样的补习班，在华人家庭里很流行。澳大利亚的小学生需要从三年级准备考"英才班"，华人家庭为了孩子进"英才班"，会花很大力气补习。可是对于澳大利亚本地家庭来说，那些明显跟不上正常孩子的孩子，才是需要进行补习的。如果一个孩子成绩好，为什么还需要额外补习呢？但是对于华人家长来说，他们会回答：为了孩子成绩更好啊！小璇来澳大利亚时到了读四年级的年龄段，就直接上了普通班。

澳大利亚的中学大致分为三种：一种是公立的精英学校，孩子需要在小学五年级的时候准备考试。另外一种是私立学校，教育好，但收费昂贵。再就是普通公立学校。小璇上五年级的时候，我们在澳大利亚还没拿到绿卡，没有资格考精英学校，另外孩子来澳大利亚才一年多，英文水平也不够。私立学校又太贵，于是我给她找了一所最好的普通公立学校，为此特意搬了家。

现在很多精英学校也被亚洲学生，尤其是华人学生占据了。华人教育出来的孩子不怕考试，他们怕的是没有考试，这样就不知道把劲儿往哪里使。不少华人家庭的思维是：成功的孩子应该一直勤奋地补习，然后上好的小学、中学和一流的大学，然后在这里从事高收入的职业，比如律师、医生和建筑师。律师需要建立各种关系网，华人在这方面没有优势，所以很多家庭盯上了医生、建筑师这些偏技术的行业。

我有一位中国朋友，她嫁给了澳大利亚当地人。她又一次提到，她老公所在医院来了几个华人学生当实习生，可是他们工作了一段时间后，澳大利亚本地医生认为：他们是因为收入多才希望当医生的，既没有同情患者的悲悯心，也没有救死扶伤的理想，这样的人怎么能够有耐心地对待病人呢？怎么会为了钻研治疗技术而孜孜以求呢？

华人孩子大批量地进入精英学校，也有一些白人家长给教育部门提意见。但是教育部门表示：我们也不能不让华人孩子参加补习班，不让他们多做题呀。这些年小学升初中的考试，教育部门这几年在降低数学的难度，提高英文的难度，华人孩子数学有优势，所以这也算是在政策上向澳大利亚本地学生倾斜了一点。但是华人孩子怕的是没有考试题，不管标准怎么变，只要有考试题，他们照样考试排前边，澳大利亚本地家长对孩子比较顺其自然。

其实我在养了孩子这些年后，越来越觉得，孩子是否喜欢学习，学习成绩好不好，很大程度是天生的。如果孩子遗传基因好，家庭环境又重视教育的话，孩子学习差不了。国内家长有些过于看重后天教育了。

让孩子拥有自己的人生

在本书第一章我们也讲述了湘江因为孩子的教育问题离开广州的故事。湘江是一位希望孩子快乐成长的妈妈，希望女儿得到宽松教育，不用看重分数，为此特地移民加拿大。她从自己的视角对加拿大的教育进行了观察。

有学习精神的人更能适应环境

刚到加拿大的法语区时，我和女儿的语言都是从零开始。一开始我看孩子跟不上，也着急。我问老师，孩子到底需要多长时间，才能在听说读写各方面跟本地孩子差不多？老师说：给她四年时间，这还得孩子勤奋好学，要学语言不能封闭自己，需要广泛地接触外部世界。

我女儿在小学三年级和四年级时读了两年的法语欢迎班，基本能听懂老师的课了。但是要说自如地运用语言，还是有难度，所以她每周还要上课外语言辅导。五年级时她回到正常班了，这一年读得挺痛苦的，比如做数学卷子，虽然她数学成绩很好，可是经常看不懂题目。这也是很多新移民家庭遇到的问题，想辅导孩子学习，可是看了半天法语，不知道这道题目需要干什么。好在老师比较一视同仁，她们既不会给孩子额外的压力，也不会降低要求。

我是个不强调分数的妈妈，但我是一个愿意跟孩子一起学习的妈妈。我没有只要求孩子学语言，而是想办法一起学。比如一起看法语电影、读法语小说，出去旅游和参加活动。我对女儿学法语抓得很紧，我找到大学的法语教材，先自己学，再教女儿。来加拿大头一年时，我女儿主要的文化课得分是C，她是那种很自律的孩子，对此感到很羞愧，她已经难过了，我怎么还会责备她呢？我对她说，没有关系，成绩不好也不要焦虑，我希望你两年后成绩能到B。她后来做到了。读到初一时，她的法语成绩就在班上排前两名了。现在她的小学请她回去给欢迎班的孩子们做法语培训，每周一小时。

有些和我们一起移民过来的中国家庭，大人很焦虑，觉得孩子语言学得不够快。于是这边的培训机构打出的标语是：怎么让孩子三个月走出欢迎班？这实际上不可能，学语言哪有什么灵丹妙药？培训班可以用三个月教会孩子应付一些考试，但这离学好语言差距很大。我孩子参加过一次夏令营，孩子们在一起唱歌，听音乐，聊新闻。她发现一些孩子基本不懂法语，参加夏令营用处不大。

所以我不赞同父母只是出钱让孩子去学，自己不学。我要求女儿背的法语课文，我自己也会背。我对她的要求是，各科成绩不低于B就行了。哪怕有的科目是B—，对以后申请大学的影响也不大。这里的大学录取学生，不看你来自什么样的中学，只要你的成绩不低于B，上好大学的可能性是很大的。

加拿大的教育是充分信任学生的，这边两所学校不同时间的考试，考题很可能是一样的，甚至升学考试也是如此。

加拿大的教育更看重每个孩子的特性，我女儿学校有个男孩子，成绩很不好，可是他的思维方式很独特，他自己写剧本，自己拍电影，很有影响力，有一帮孩子围着他转，在我们这一片都成了小名人。这个男孩有创作的特长，成绩好的孩子有考试的特长，仅此而已。

人生不是计算出来的

加拿大的教育分阶段，我觉得孩子在小学三年级之前，感觉不到她在读书，总是在玩，也没有多少作业。但是到了小学高年级，学习上的要求一下子提高了，到了初中难度就更大了。

女儿的初中课程中，阅读量很大，比如有些课程需要一周阅读一本大部头小说，写文章动辄就是五六千字。如果文章里有引用和摘抄一定要注明出处，这对孩子是个很好的教育，使得孩子从小就有很强的版权意识。学校作业经常让学生写分析性的文章，很考验人独立思考的能力，再加上法语不是我们的母语，我觉得女儿学习的难度不小，但是她学得不错，也很开心。

中国的孩子，一般很受加拿大老师的喜欢，因为这些孩子们很勤奋，把学习看得很重要。不像当地家庭，一家好几个孩子，不少家庭对孩子是放任自流的。我女儿天性是一个很乖很努力的孩子，放学回家第一件事一定是做作业。她来到加拿大不久，有一天她做作业做到晚上九点半还没完，我好几次让她去睡觉，她不敢去睡。后来我强行让她休息，她才去。第二天去上学，果然发现是老师弄错了，把两天的作业让孩子一天完成。

我女儿很看重学习，我觉得对这样的孩子，要给她减压，我让她做事情可以尽力，但是不要要求太高。拿我自己的成长经历来说，我们中学同学里边成绩很好的，现在过得很一般的；有几个现在特别成功的，当年学习一点也不好。所以一个人的一生，到底什么决定未来，是很难说的。我是一个不喜欢操心的性格，因为人生不是一切都预备好了才成功的。比如马航MH370的事故，生活中随便一件事情就会打乱计划，我们又何必特别精细地去安排每一步呢？回想我的中学同学，成绩最好的读了清华，后来在美国做了个中产阶级。成绩不如他的，在国内发展资产有几个亿，对他们来说去美国有多难？

我希望孩子多交朋友，做义工，建立社会责任感。女儿现在已经14岁了，我对她的期望是，她开心，能够自食其力，18岁以后不要靠我养，她能顺利地养活自己和照顾好家庭。

我女儿小学升初中时，可以选当地的普通中学，也可以选国际学校。国际学校读的是IB课程，对英语几乎是母语要求，可是女儿在小学是以法语为主，所以这对她来说是很难的选择。我让女儿自己选择。女儿希望给自己更大挑战，选择了对英语要求极高的国际学校。

我觉得一个人不管做什么选择都会有代价。我总跟孩子说，你现在这么年轻，即使你的选择做错了，也来得及改正，没有关系的。我特别害怕孩子从小养成处处小心、精于算计的性格。孩子每往前走一步，不应该害怕走错，即使错了也有改正的机会，这才是真实的人生。

我对待孩子的心态很平等，我也就是个普通人，我凭什么要求孩子做得更好呢？孩子如果听我的，可能以后跟我差不多；孩子如果不听我的，说不定会过得更好。一个人会有怎样的命运，也跟时代有关，有时候不是光靠个人努力，就能有一个好的人生。所以我要求孩子的只是开心地去做事情。

在加拿大长大的孩子，很喜欢说的一句话就是：This is my life（这是我的人生）。孩子自己做决定的事情，自己对后果负责。很多孩子上大学选专业，家长是不管的，只要这个孩子今后能养活自己就可以了。

　　我碰到过这样一个故事，我的一个朋友的儿子很优秀，在美国一直上私立学校，从小就上各种补习班，后来考上了'常青藤'。毕业的时候他对妈妈说："你在我身上花了20多年的时间，就是为了获得你自己的成就感。你希望告诉你所有的朋友：我的孩子在"常青藤"上学。现在我毕业了，妈妈，请你放手，我要过我自己的生活"。这是个多么大的讽刺啊。

让孩子学会选择

　　陈江旋的爸爸是新华社派驻海外的记者，他们一家先后到了斯里兰卡和希腊生活，因而陈江旋后来有了独特的海外教育体验。

　　2005 年 1 月，我和儿子到斯里兰卡探望在那里工作的爸爸。因海啸报道而忙得焦头烂额的先生没时间管我们，但这并不妨碍我们享受那里大自然赐予的一切：蕉风椰林、海浪沙滩；悠然自得的大象、探头探脑的松鼠、扭着身子游荡的大蜥蜴……假期接近尾声时，儿子明确表示他不想回北京了。

　　于是我们赶紧带儿子去探访当地口碑较好的英国学校——科伦坡国际学校。校长桑德斯先生衣冠楚楚地给我们介绍学校的情况，并带领我们参观学校的教室、图书馆、游泳馆等设施，一下就赢得了儿子和我们的好感。

　　接下来是入学考试。到现在我们都不明白，连 26 个英文字母都写不全的儿子怎样顺利地进了这所英语学校。有一次放学回家，儿子告诉我："这个学校真好玩，他们上钱币课。"我仔细研看，原来那是数学教材，人家是通过一个个英国钱币图案来对孩子进行数学启蒙的。

　　对英语一窍不通的儿子在课堂上表现如何可想而知。因此，入学不久，老师就给了儿子一个图画本，他与老师和同学们的交流，基本上是以图画方式进行的：喜欢某个同学，就画一个好看的笑脸；

不喜欢，则是一个难看的脸谱。

尽管孩子在学校里差不多是"文盲"，但我们从老师那里，再也听不到告状和抱怨。每次接孩子或开家长会，老师总会说"陈非常好，非常聪明"，简直让我怀疑自己生养的不是同一个儿子。

有一次，儿子拒绝去上音乐课，三个小朋友来硬拉他。一向倔强的儿子拿起讲台上老师用来示意上下课的铜铃铛，"砰砰砰"连敲了三个孩子的头。放学接儿子时，班主任向我通报了这件事，但随即说她已处理妥当，让我不要担心。而第二天看到这些孩子，我发现其中一个是女孩，敲破皮的额头上还贴了创可贴。孩子们向我诉说了这件事，我立即表示歉意，这些孩子笑笑说："OK，陈向我们道歉了。"

国际学校放学很早，基本上下午五点即结束了一天的课程；同时家庭作业很少或没有；留有家庭作业的时候，儿子一般在半个小时内就能完成。儿子因此有了大量课余时间可以做自己喜欢的事情。

与传统的灌输知识相比，我们更注重培养他对知识的兴趣和探索精神。有一次，他的韩国同学诺利的妈妈问我："你给陈报了什么补习班？"当听说我们什么班也没给他报时，她有些吃惊，说："你是个好妈妈，而我是个坏妈妈，因为我给诺利报了很多补习班。"确实，给孩子硬塞更多的知识，可能是望子成龙的亚洲家长们比较普遍的做法。

但我们一向注重利用周边环境的自然资源和文化资源对孩子进行教育。在北京和科伦坡，我们都注重利用周边的图书馆。在科伦坡，文化资源相对集中的是当地的英国文化中心。我们全家办了英国文化中心的借书证，定期到那里借书阅读。在我的观念里，培养阅读爱好是根本，有了这一根本，其他问题可以迎刃而解。

果然，儿子在掌握知识的同时，英语水平也突飞猛进。到四五年级时，他的班主任、剑桥大学毕业的杰克逊先生说："陈的英文阅读和写作水平已经远远高于英国同龄孩子的水平，他的文章可以在英文报刊上发表了。"

不仅如此。一次我们去马尔代夫，快要到首都马累机场时，飞机突然调头，广播里说，一个发动机出现故障，需要返回科伦坡。我当时紧张万分，紧握住我先生的手，但因怕影响孩子的情绪而强作镇定。奇怪的是儿子却始终气定神闲。飞机返回科伦坡后，我问他为什么不害怕，儿子用一串科学数据回答：我们乘坐的飞机是双引擎的空客330，即使其中一个引擎坏了，靠另一个引擎也能飞180分钟，科伦坡和马累之间的飞行时间仅一个小时。而且，即使两个引擎全坏了，这款飞机也能滑行200公里左右，足以平安降落到马累机场。

听到儿子这一席话，我脑海浮现的就只那几个字：知识就是力量。对知识的不倦获取与探索，让孩子在小小年纪，面对突发事件的时候，就能战胜恐惧，表现得泰然自若。

斯里兰卡和马尔代夫都是自然的天堂，因此，我们把这两个国家变成了儿子的自然课堂。我们领着他，尽可能多地认识各种动物和植物，培养他对生命与环境的珍爱。比如，只要有机会去马尔代夫，我们就首先带着他确定所在岛屿的位置、洋流的方向等，然后带着他在环岛的浅海里浮潜一圈，观察各种珊瑚及热带海洋生物——这一圈往往需要一小时甚至两小时，对孩子的体力和意志都是极大的挑战。但由于孩子对这种天然水族馆充满好奇，每次他都能坚持下来。

因此，斯里兰卡的几年陶冶了他对自然的热爱和探索精神，幼儿园留下的关于学校教育的阴影也逐渐淡化。临近小学毕业时，我们发现，学校图书馆和当地英国文化中心的英语书快让他读完了，他开始重新调皮起来。离开斯里兰卡，给他更多的挑战，势在必行。

经过一番周折，2011年6月，我们来到西方文明的发源地希腊。在儿子的教育过程中，我的目的其实是比较清楚的：小学前主要是行为教育，而小学阶段主要培养他对知识和自然的兴趣与探索。到希腊时，儿子13岁，正是反叛期的开始，他的一系列对抗也提醒我，是培养儿子独立生活能力以及独立精神与人格的时候了。

　　与当初在斯里兰卡不同，在希腊的择校问题上，主要由我们带他进行大量调查，最后的选择则由他自己决定。在这个过程中，我明确告诉儿子，这是我们最后一次做这一工作。将来选择哪所大学，则由他自己调查、自己选择。

　　因此，我们陪他走访了一所又一所学校，但基本不干预。他自己用流利的英语，与校长或是其他主管谈自己的经历、想法、对未来的设计，甚至自己喜欢的乐队，也有机会去学校试听。最后，他选择了一所规模不大，但比较注重按个性培养孩子、人情味极其深厚的英国学校。

　　从到雅典开始，我们渐渐退居于幕后。很多事情，都是他自己选定目标，我们做辅助的工作，他开始单飞，包括自己熟悉这个城市，自己坐公交、逛卫城，以至于自己乘火车去了上百公里远的科林斯，回来给我们讲了运河的故事，并给我们当导游带我们重游……

　　从十年级开始，学生们开始选择不同的课程。也就是说，同一个班的15名孩子中，上的课并不相同。除英语、数学、化学为必选课外，孩子们要根据自己的兴趣以及未来的发展规划，从物理、生物、地理、历史、音乐、绘画、法语、希腊语等课程中另外再选五门，作为自己的主修课。儿子经过思考，选择了物理、生物、历史、法语和音乐。由于同时主修物理、化学、生物三门科学课的孩子不多，老师们见了他就开玩笑说："陈，你将来可以当医生了。"

　　虽然儿子就读的是一个英式学校，但其视野远远超过英国甚至整个西方世界的范围。例如，其历史课就用了大量篇幅，讨论马克思主义以及苏联革命、中国革命，他也从图书馆借来《共产党宣言》，津津有味地读完，并与我们进行讨论。最近他们的一次英语课堂讨论，则是老师假设一个场景，设想学生们乘坐在热气球上，而由于热气球开始泄露，气球上只能留下一个人，其他人将被扔下去。孩子们把自己假想为各种历史文化名人，轮流发表演讲，阐述自己不该被扔下去的理由，最后由听众投票，决定谁有资格留在热气球上。儿子把自己扮演成希特勒，与哈利·波特、居里夫人等名人分在同一个气球上。儿子演讲的结果，令我们瞠目结舌，因为最后老师说："我不知道是不是你们脑子出了问题，因为你们投票让'希特勒'留在了热气球上。"

同时，我们逐渐让他在生活上走向独立，包括自己叠衣服、洗袜子，一有条件就教他做饭。此外，还有意识地训练他自己理财，比如，他想买一把吉他，我们会告诉他，没有问题，但钱要自己挣——洗一次碗挣多少钱，清扫一次阳台挣多少钱……等攒得差不多了，我们还可以赞助一点。等他再大一点，对环境也更熟悉之后，我们鼓励他骑车上下学，节省下来的校车费可以在我们监管下自己使用。目前，他已经成了家里的"高智能洗碗工"，晚餐和周末时，洗碗基本上都是他的事情。做咖啡也成了他的拿手活儿，他通过咖啡店和罐装咖啡的价格比较，决定再也不去星巴克烧钱……

青春期的到来也伴随着性萌动。对儿子这方面的教育，我们从来都就事论事，跟其他的知识传播一模一样。同时，还提醒他注重对异性的尊重。有一天，他问我们18岁时送他什么礼物，我和先生异口同声回答：避孕套。

让我们欣慰的是，虽然我们长期在国外生活，但他对自己的祖国和民族的文化，却打心底里喜欢。由于小时候汉语基础较好，虽然他理论上只上过半年小学，但汉语水平并不差。在斯里兰卡时，我们养的一条德国牧羊犬成了他的"弟弟"，他写了一篇一万多字的小说《狗的乐园》，在《北京少年报》上连载；他还把一个学姐写的斯里兰卡总统传记翻译成了中文，目前正在计划出版……我们回国休假，带他听梅派京剧，看老舍的折子戏，他都极为着迷。这再一次印证了我当初的想法：美好的东西是没有国界的。

作为智能主体，人类与动物的区别，就是能用自己的眼光观察世界，能用自己的大脑思考这个世界的存在。造物主给予人类最美妙的两个礼物，一是外部世界，二是人类自身的内心世界。而我认为，教育的目的，无非就是让这个智能主体能在最大限度上，去认识外部世界和人类自身世界。人类的所谓成就感以及自身的快乐，基本上与对这两个世界的认知程度成正比。因此，在对儿子的教育过程中，我不在乎他掌握了多少知识，而在乎他对知识的渴求程度；不在乎他对世界认知多少，而在乎他对认知世界方法的掌握……

当然，他自己的未来，得靠他自己。作为父母，我们所能做的，是在自己能力允许的范围内，让他接受最好的教育，并尽量丰富他的阅历，开阔他的眼界。在他小时候，我们会替他做出选择。但随着年龄的增长，他得学会思考、学会判断，对此做出选择，并最终为自己的选择负责——父母的使命，教育的使命，如此而已。

儿子跟我们闲聊，说他10岁时定下的5个目标，现已实现了2个。这5个目标是：登珠穆朗玛峰、跑马拉松、听维也纳交响乐团的演奏、弹《加利福尼亚旅馆》吉他单曲、考飞行执照。已实现的2个目标是：弹《加利福尼亚旅馆》吉他单曲和听维也纳交响乐团的演奏。

新西兰的快乐教育

　　新西兰的教育体系源于英国的传统教育体制，教育经费开支占政府开支第三位。新西兰政府确定本国的教育方针是：获得最高水准的成就，使每个学生作为个人和社会成员能够充分发挥自己的潜能。近些年来越来越多的中国家长，把目光投向了新西兰的教育。我们的采访对象 Johnny 在新西兰和中国都接受了比较长时间的学校教育，两种教育体制都在他的成长中留下了烙印。

　　今年 24 岁的 Johnny 在他成为新西兰人的第 17 年开始了他的职业生涯。由于公司规模不大，他很快成为了团队的核心成员之一，他目前的工作是和当地最大的通讯运营商老总洽谈合作。到了每周五，他又会回到奥克兰大学，完成他最后一年的商科双学位的课程。他阳光开朗、热爱与人沟通，讨厌墨守成规、朝九晚五的生活——与绝大多数同龄 Kiwi（新西兰人对自己的称呼）一样。对于自己的社会新鲜人与大学准毕业生的双重身份，他充满自信和活力。

　　Johnny 的父亲是一名房产高管，由于父亲工作原因，他的幼年时光在泰国度过，并在当地的国际幼儿园练就了一口流利标准的美式英语。1997 年，他随父母移民至新西兰，进入新家所在学区的小学就读。从幼儿园到高中，新西兰均实行学区制度：城市被精细规划为若干学区，学区内的公立学校必须保证本学区学生入学，除此之外，才留有少数名额给外学区报考的学生。因而，名校所在学区的住宅也被称作学区房，成为热销与昂贵的代名词。在大大减轻了学生的升学压力的同时，学区制度的另一项特色便是影响了新西兰服务性教育体制的形成。老师们认同"家长永远是孩子的第一老师"，家长与孩子相处时间最长，最了解他们的孩子，因此老师必须积极与家长沟通。如果家长对老师不满意，可以直接举报，或是把孩子转走。对于前面一种情况，由于新西兰老师的从业资格证是每两三年重新评定一次，若是教师口碑不佳或是有被投诉的记录，很有可能会被吊销资格证书，失去从业资格；至于后面一种情况，如果一个学校的生源不足，则面临着学区被取消，学校被合并至相邻小学的后果，这也是学校与老师不愿意面对的。因此，Johnny 母亲开玩笑地说"在中国，都是家长巴不得给老师送礼，希望老师能多照顾自己的小孩；在新西兰，则是老师对家长尊敬有加，生怕家长们对自己产生不满"。

家长在参与学校事务中职责更集中体现在家长委员会的工作之中。除了监督老师和校长的工作以外，学校及学校范围内有任何不合理的设置，哪怕是学校门口的马路未合理设置斑马线等，家长委员会都会上报校长，校长则必须予以回应和解决。由于公立学校免收学费，学校的日常经费来源仅靠国家拨款。家长委员会会定期举办各种义卖活动，为学校集资，以便学校改善师资条件、基础设施和举办丰富的学生活动。

对于学生的能力和成绩，新西兰的小学几乎没有硬性要求，尊重和保护孩子的身心健康成长、注重创造力与动手能力的培养。孩子们每天上午9点到校，下午3点钟放学，基本没有家庭作业，绝大部分学生在课后会去兴趣班学习乐器，或是进行体育运动。无暇照料孩子的家长可以将孩子送到学校收费的托管班，由专门的老师组织管理。Johnny 的母亲到新西兰的初期，开了一间咖啡厅，Johnny 的课后时光，大多在和邻居的孩子们玩耍或是练习黑管。

在五年级之前，一个班级的所有主课都是由班主任一人教授，从数学、英语，到体育、美术等。课上的授课内容十分基础，至于考试中出现的少量难度较大、上课未涉及的题目则是为有兴趣在家自学的学生准备的。此外，学校还设置了戏剧、舞蹈、烹饪、游泳等选修课，由专任老师教授。对于新移民来的学生，学校会安排老师在课后免费开设英语课程，帮助他们尽快适应环境。为了尊重新西兰的文化多元性，老师们在大学中的一门必修课是当地的土著语言毛利语，而在小学中也会开设如毛利语、法语、葡萄牙语等课程为来自这些文化的学生与对其有兴趣的学生提供便利，近些年，中文课也越来越多地出现在了小学课堂。

新西兰学校的成绩设置与英联邦体系略有不同，学生的成绩分布呈橄榄形，绝大多数学生会得到中等水平的分数。但是，成绩远非学校评价学生的唯一标准，这一点从学校每一届评选出的"优秀毕业生"们五花八门的当选理由中便可略见一斑，无论是课业成绩优秀，还是某方面特长突出、热心公益、乐于助人，都可以受到同等的表彰。Johnny一直向往着获得"优秀毕业生"的称号，可以让自己的照片出现在学校的年鉴中，他毕业那年成功当选的原因便主要因为他善良、热心，经常帮助身边的同学，甚至还帮助低年级的同学组建了一支篮球队。老师们教育的重点，便在于发现孩子的专长并进行鼓励与引导。例如，对于其他科目都不擅长，唯独对汽车感兴趣的男孩子，老师们会全力支持他的爱好，在讲到交通、机械等话题时邀请他上台来给其他同学做介绍，培养他在这方面的自信。Johnny从小就能言善辩，老师们便经常叫他站出来发言，有什么事情也会请他出面来做，锻炼他的人际交往能力。对于淘气的学生，老师的惩罚方式通常是让他单独坐在墙角反省，对小学生而言，这个办法通常是奏效的。

小学的每个班级约有 20 名学生，一年级新生班每班最多 10 人，并配有一个助理老师。在新西兰，孩子五岁入小学，为了方便低龄孩子使用，每间新生教室里面都配有洗手间。Johnny 的母亲在新西兰修习幼儿教育的本科学位后在一家幼儿园做老师，为了培养合格的小学生，幼儿园老师们经常要到小学与小学老师进行交流。Johnny 的母亲向小学新生班的班主任问及小学第一年学生的培养任务，对方只提到了两点：能够自己上厕所与学会拿笔。对于低年级儿童，授课通常是在唱歌、游戏中完成的，老师在教育系接受培训的时候便接触大量"玩中学"的理论。例如，老师会把英文字母做成色彩鲜艳的卡片放在盒子里并播放音乐，进行类似"击鼓传花"的游戏，停在哪个同学手上，他就需要抽取卡片读出字母，如果一时想不起来，卡片背面还有相关的图画作为提示。年级稍长，教师则着重培养孩子们的演讲与阅读能力。Johnny 便十分擅长演讲，在他 11 岁要回国生活时，校长和老师们对于他要转走很遗憾，向Johnny 的母亲提到当时 Johnny 参选学校的学生会时，曾自己做了竞选卡片，演讲后自信地抛至台下，引来小朋友们的热烈追捧，令老师们印象深刻。

对于父母安排回中国生活的五年经历，Johnny 长大后回忆起来十分感慨。从小他在英语环境中长大，只有在家和暑假回国才有机会说中文。当时在新西兰的华人很少，没有系统优质的语言学校和华人社交圈，到九十岁的时候，父母发现儿子的中文能力在逐渐退化，经常是他们用中文发问，儿子选用英语回答。从事管理工作的父亲对于中国经济的前景有着敏感的眼光，认为完全让孩子抛弃一门语言以及语言背后的中国文化十分可惜，同时，中国的腾飞也一定会使得了解双方文化的年轻人成为西方未来的紧缺人才。于是，在儿子念到五年级的时候，Johnny 的父亲以回国探亲的名义把儿子

"骗"回了中国，又和孩子说"你在这边也没事情做，可以先进学校玩一玩"，把孩子"骗"进了北京的普通公立学校，进四年级念书。为了让 Johnny 尽快融入新集体，上学第一天，年轻的班主任给他发了一条红领巾，让他看起来和其他同学没有区别。当然，东西方截然不同的教育体制难以被一条红领巾遮盖。在新西兰，孩子从很小的时候就注意自己的个性形象，而回到中国，打着发蜡上学，放学后还要去厕所脱掉校服换上自己便服的小男生则显得有些格格不入。Johnny 的打扮方式引起了班上一群男生的跟风模仿，老师曾因此找他谈话，希望他能有所收敛，以免影响其他同学专心学习。另外，习惯了上课随意表达自己的想法，随意起身去洗手间的他对于中国拘谨安静的课堂气氛起初也很不适应。这个 11 岁的男孩还是逐渐在克服自己的不适、理解新的文化环境的过程中学会了低调和克制，慢慢融入了新班级中，在拥有了一大群中国好朋友之后，他也不再向父母吵着要回新西兰了。

在中国，Johnny 仍然延续着他口才好、善表现的特点，主动报名去北京电视台和中央电视台参加节目录制。在他的影响下，他的中国同学们也听起了英文歌，崇拜起外国明星，在学校的合唱比赛中，他们班甚至还选择了一首英文歌曲参赛，在 10 余年前的小学中显得新潮极了。回国仅半年时间，他的语文成绩便从十几分达到了合格，两年后因为突出的英语成绩顺利考取了一所市重点中学的英语实验班。由于带 Johnny 回国的目的主要在学中文，除了初期会每天在课下辅导他学业外，父母并未给他太大的课业压力，他的学习成绩一直维持在中游水平。到中国学校放暑假的时候，父母便会带他回到新西兰念两个月书，保证他的英语不会退步，也让他可以和以前的伙伴保持联系。上到初二时，父母和 Johnny 一致认为他的中文的听说读写都已经没有障碍，而中国式的中考高考模式又明显不适合他的性格优势，于是又将他带回新西兰上初中。中国的生活经历使得 Johnny 对中国产生了很深的情感，回新西兰后也经常在网上与中国朋友沟通，一到放假也变得愿意回中国。Johnny 父母的理念是，在一体化的世界中，通过信息技术便捷无碍地获知到一个事物很简单，但是我们对一个事物的评价却不是物理可以解决的，而是需要长期耐心的文化磨合积淀。中国的生活经历使 Johnny 可以通畅自如地行走在东西方文化之间，让他拥有了更宽阔的世界。互联网与交通让文化变得没有界限，父母的选择正是希望创造机会让他受益于此。

　　Johnny 的父母分别毕业于清华和北大，既是中国教育资源竞争中的优胜者，又是领受其残酷与激烈的受害者。对于儿子，他们希望他能够接受西式的教育，有一个健康快乐、轻松随性的童年。在高中之前，他们像新西兰父母一样从不过问孩子的学习成绩，但是 Johnny 上高中后对工科兴趣很浓，而他的目标奥克兰大学的工程专业几乎是全新西兰最难考的专业，对学生的理科成绩要求极高。父母只得为他请家教补习，像中国父母一样操心其孩子每一次考试有没有进步，距离目标成绩的差距等现实问题，一向自由爱玩的 Johnny 突然受到管制很难接受，在那两年中与父母也产生了很多争吵。在忙碌而叛逆的高中时代之后，他终于成功考取了理想的学校和专业。

　　Johnny 的父亲在比较两种教育体制时，认为新西兰每个家庭有很多个小孩，一是家长无法对单个小孩投入过多精力，二是孩子们可以有各自的爱好和发展方向，比较适合新西兰式的散养教育；而对于像他们这样只有独子的家庭，虽然成绩不是唯一的考量标准，但也是最重要的一项。另外，新西兰丰厚的社会福利也给予了当地年轻人追求理想的安全感，他们更勇于挑战，也更能乐于致力于报酬不多但自己喜爱的职业，而中国年轻人则往往受多方压力屈服，而较少能照顾到自己的兴趣。Johnny 的父母认为，与国内年轻人相比，新西兰人因为当地民风淳朴、地广人稀，户外活动比中国小孩多很多。由于电视中的新闻频道也不多，他们对于国际经济政治等世界大事的关心较少，而中国年轻人则关心时事、视野广、考虑问题比新西兰同龄人要全面周到；在性格方面，新西兰的年轻人比较爱玩、直率、没城府、对新事物感兴趣，中国的年轻人则更加尊重长辈、内秀、基本功扎实、心事较重。不过对于 Johnny 来说，中国和新西兰的年轻人群体则具化成为一个个身边好朋友的形象，因而每个人都有不同的闪光点令他珍视。

回顾起对 Johnny 的培养，父亲比较遗憾的一点便是没有从小发现他的兴趣，及时培养。而母亲对于儿子成长的遗憾则跟大多数中国父母一样，她认为孩子小时候自己总还是狠不下心让孩子受苦，吃、穿、玩都给儿子最好的，一些基本的家务劳动看儿子做得毛手毛脚，就会上去帮忙，而忽略了在孩子并不完善的尝试中也是能力提高的过程，导致 Johnny 现在自理能力较差。

在采访过程中，Johnny 的父母都提到，儿子从小在学校接受到的关于环保、人权与政治的教育也督促甚至教育了作为第一代移民的父母。除了上文提及的幼儿教育本科学位外，Johnny 的母亲在新西兰还拿下了梅西大学的 MBA 学位，新西兰正是以开放而多元的教育体系接纳与培养着来自各种文化背景的人民，使他们自由自信地在这片长白云之乡的土地上，为自己与世界做出每一份微小却独特的努力。

南北半球的三次转学

　　要不要在孩子年纪尚小时，就带着他们去国外读一两年的书呢？越来越多的中国家庭开始有了这样的想法，家长希望孩子说一口极为地道的英语、熟悉西方的理念和生活方式，以便孩子今后留学时更能适应国外的环境。

　　12 岁的李香书有着比一般中国孩子更为丰富的经历，她的小学在沈阳、堪培拉、厦门三地度过。这六年里，李香书在澳大利亚生活的时间最长，这段经历给予了她一口流利的英文，也培养了她自由的天性、独立的思考能力。然而当李香书再次回到国内上学时，她无奈地发现，国外时光的快乐和自由，在国内成了要偿还的代价。

父女留学生

　　发现抽到的题目是"你最喜欢的一本书"，刚刚还在紧张的李香书心里长出了一口气，这个女孩最大的爱好就是阅读。她迅速地回忆了自己读过的上百本英文书，决定跟评委们讲一讲"A Little Princess"（《小公主》）的故事。

　　一听到女儿流畅的英文叙述，坐在观众席里的李永涛悬着的心也放了下来。这是中央电视台"希望之星"英语风采大赛全国总决赛现场，李香书此前一路从几千名报名者中脱颖而出，成为福建赛区小学高年级组的代表选手，李永涛对女儿的英文水平和自我表达能力非常有信心。

四年前，刚刚踏出国门时，8岁的李香书仅会背诵26个英文字母。2010年，李永涛正在澳大利亚攻读博士学位，为了让女儿长长见识，他把正在沈阳塔湾小学读二年级的李香书接到了堪培拉。

"其实很多在澳大利亚读书的父母都把孩子接过来了，因为在这入里学太容易了。"李永涛回忆，澳大利亚入学也是按照就近的原则，但不像国内有户口、学区房的户籍制度限制。"只要你在这一片范围内居住就行，哪怕是租房，只要拿出租房合同，或者电费、水费缴费单做证明也可以。如果你不住在这片，一定要来这里上学，只要你能提出合理的理由，学校也会通融。"

李永涛和女儿持合法居留签证，便享受跟当地人同样的择校权利。他在自己的大学附近，选了统考成绩不错，又很少有欺凌现象的北高奔公立小学。在澳大利亚，全国70%的学生都在公立学校中就读，公立学校由政府拨款，免费进行义务教育，只交较少的学杂费。但因为学校的公立性质，对外籍居民每年会收取一定费用。"我听说有学费减免的政策，也不知道适不适合，就搜了学校官网上的邮箱，简单写了封邮件申请试试。"李永涛发送了自己和女儿的签证扫描件，告诉学校自己处在读书阶段，家庭收入很低，咨询是否可以减免女儿的学费。北高奔公立小学很快就通过了他的申请，为李香书免去了每年5 000元澳币的借读费用，李永涛至今仍感叹对方的高效与慷慨："就是几封邮件往来，学校的任何人我面儿都没见着。"

事实上，相较于国内，澳大利亚充裕的教育资源配置，不仅使学生入学的门槛低，而且让家长们有充足的选择权。类似堪培拉、悉尼这样的大城市，学校位置的设定以居民的意愿为准则，从家里出发，最远 5 公里内，一定会有一所小学。李永涛所在的区大概有 3 万人，有 5 所私立小学、3 所公立小学。在李永涛来之前，当地政府曾经觉得 8 所小学过多，想合并掉几所，结果在当地居民中掀起了汹涌的反抗浪潮，大家以生活不方便为由，把这个提案彻底否决了。"这里公共设施的分配都讲究民主，不是行政部门想撤就随便撤的。"

等到李香书入学之后，又继续享受了当地教育的免费福利。北高奔公立小学里当时只有李香书一个中国学生，初来乍到，小女孩上课时完全听不懂老师在讲什么。学校专门为李香书找了一名学教育学的大学生做实习老师，为她一对一补习英语。"这不是我们提出的要求，是学校主动安排的课程，整个辅导持续了一年时间，每周四个小时，全是免费的。"李永涛自己也每天晚上给女儿读英文故事书，渐渐地，他发现女儿可以跟得上他朗读的速度，等到半年之后，李香书已经追上了老师讲课的内容，晚上开始抛开爸爸，自己找书看了。

没有"傻问题"

"我们的老师都特别 nice（和善）。"李香书现在说话，还是习惯性地夹杂着英文单词，她常常在叙述中突然卡壳，侧着脑袋嘟囔着英文单词，试着翻译出对应的中文名称，才能把交谈继续下去。"老师总是在鼓励我们，小组表现好啦，就给一个小卡片；谁回家读书读得多，也给一个小卡片。我们攒了小卡片，再去兑换高一级的蓝丝带，丝带攒够了，再升级成金牌，大家手里总有一堆奖品。"

在沈阳刚读小学时，李香书的老师以严格著称，李香书也被格尺打过手心。她起初上课喜欢接话，沈阳的班主任告诉李永涛，"一句话说出来，你闺女肯定不能让它掉地上"，被"修理"了几次之后，李香书渐渐除了回答问题，不敢再跟老师有其他沟通。

到了澳大利亚，刚去的时候上科学课，介绍宇宙时老师提问：如果太阳是空心的，里面能装几个地球？李香书当时听不懂，复述问题时说错成"如果太阳是实心的，能装几个地球？"

班主任停下讲课，告诉李香书，实心的太阳可就一个都不能装了。李香书还是没听懂，两个人当着全班同学的面，反反复复说了几遍，李香书终于意识到了英文"空心"与"实心"的区别。

李香书至今牢牢地记得这件小事："如果是在国内，老师肯定觉得你怎么问这么傻的问题。"从这次开始，她发现老师并不是高高在上，"澳大利亚的老师就像一个朋友一样，你不会觉得这个老师严，那个老师凶。我们班主任 Hepburn 是个年轻的女老师，她特

别受同学们欢迎，我把我小时候的照片拿给她看，她还告诉我自己的闺蜜喜欢中国孩子的故事。校长有时候路过我们班，还会突然拐进来给我们表演魔术——看，我的大拇指断了！"

李永涛感慨，女儿的老师们从来不对学生大喊大叫，一次参加学校的运动会，他亲眼看到一个小男孩不服管理，对着老师比了一个中指。"当时我都气坏了，这孩子怎么这么没礼貌？他们老师叫Mewburn，是个1.9米高的大男孩，刚刚参加工作，我感觉他轻松地把这孩子拎起来都没问题。结果Mewburn发现我看到了这一幕，就对我耸耸肩，表示这个男孩太调皮，这事儿就这么过去了。如果换做我，对孩子可能都没这么好脾气。"

李香书的老师们，遇到难管的事就换一种形式管理，比如有小孩就喜欢在书上乱写乱画，老师干脆给他发了一个新本子，鼓励他好好画在本子上。

每次回国，李永涛都会让李香书给老师们准备一点小礼物。此前在国内，他听说过给老师送礼的潜规则，过年过节，身边的同事都会给老师准备购物卡，"具体多少咱也不太方便问，但起码500块钱以下就拿不出手了。"在澳大利亚，红包是明令禁止的，李香书班级里专门开过小辩论会，讨论什么是礼物，什么是贿赂。"比如老师总自己掏腰包给我们买格尺、橡皮这些奖品，这就是礼物。偷偷摸摸给老师的贵重物品，就是贿赂。"每次带回澳大利亚的茶叶，老师的处理方式是高兴地当着全班同学展示，大大方方地告诉同学们这是来自中国的特产。

李香书很快就融入了新的班级里，家长会同样也变成了表扬大会。李永涛发现，表扬是常态，没被表扬的孩子，也许才是这方面有不足的学生。这种鼓励性的教育，也体现在家长身上。李永涛起初跟当地同事聊天时，还会习惯性地说我女儿不行不行，后来发现，澳大利亚家长在一起，没人提自己孩子的成绩，"成绩属于孩子的隐私，他们在一起都是夸自己的孩子有创造力、聪明，不会成天说'别人家的孩子'如何如何。"

该不该穿校服？

"小学生应该穿校服吗？"跟预期中的自由散漫不同，澳大利亚的公立学校也要求全体学生必须穿校服，李香书的所有在校证件照，全都穿着蓝色的运动服、运动裙。在国内习惯了一切统一，听从要求的她并没有觉得什么问题，但班上的孩子们却有不同意见。

学校的解决方式是让同学们一起写个小作文，共同讨论穿校服的利弊。"有些同学觉得穿校服不自由，有些同学又觉得穿校服省事儿。大家最后在一起讨论，得出结果是还是要穿校服，这代表我们是一个集体，这是我们北高奔公立小学的象征。"经过了这样的讨论，学生们对校服就认真起来，学校的校服可以买二手，也可以把自己的旧校服标价卖出去。很多学生毕业的时候，还会把穿过的校服集中起来，当做礼物捐给学校，再次售出的钱用来做学校的发展基金。

布置这种讨论的时候，老师们完全把小学生当做成年人来认真对待。

李永涛觉得，这种思辨性作业的影响远远超乎了孩子的童年。他自己是国内一所高校的研究生导师，每次期末都要三番五次地跟学生强调，不要抄袭，要有自己的创见，可交上来的论文里还总是抓得出李鬼。在堪培拉上课的时候，当地同学作业中的论述、引证，其中体现的独创性，都远远超过了同龄的中国学生。

"澳大利亚从小学就开始强调孩子的自学能力了，同样是学热带雨林，我们可能就是死记硬背，每天有多少亩雨林消失啊，最长的河流是多少米啊。我女儿他们的作业是上网自己查资料，给你发了一张表格，上面有 20 个栏目，让孩子去查雨林的知识，自己设计题目，准备出答案，再到班级里互相考。还可以选一个濒临灭绝的热带雨林动物，选哪个动物，判断它是不是濒临灭绝，都要孩子自己动手查资料。最后作业呈现形式是设计一个 T 恤图案，看谁的宣传效果好。"

李永涛并非对澳大利亚的教育全盘接收，从始至终，他都觉得孩子的学习任务实在太轻了，每天上午两节主课，下午一节副课，之后就回家"放羊"，连作业都不留。李永涛也很担心，以女儿现在的学习密度，回国后能不能跟得上文化课。他多次要求女儿自己在家补习，早已习惯轻松学习的李香书难以接受这个要求，大吵几架后，李永涛只好暂时放弃了这个念头。

澳大利亚的家长真的不在乎学习成绩吗？李永涛心里一直绕不过这个弯来，直到一次参加同学的聚会。组织者是一名大学教授，席上她的儿子谈到未来的理想，告诉众人他想当一名泥瓦匠。李永涛听了大跌眼镜，却看到这位大学教授高兴得起身拥抱儿子："这是个好职业，太棒了！比我的薪水都高！"

"他们不像咱们，职业高低贵贱差别这么大，不管什么职业，只要孩子喜欢就行了。"李永涛分析，澳大利亚的社会已经足够发达，生存就业不成问题，不是非要有大学文凭才能找到工作，因此澳大利亚的家长对成绩没那么看重。而教育资源的发达，又减轻了学生们竞争的压力，澳大利亚的小学升初中，正常情况下是继续按照片区就近升学，学生的升学成绩，是按照每学期期末考试与毕业统考的分数综合计算，如果有心仪的学校，学生可以拿着分数和老师写的推荐信去申请，若是申请失败，仍可以继续在片区内的初中就读。

当学校不需要受制于分数，老师给学生、家长都极大的自由度，学校不需要要求所有孩子都必须升入大学，他们仍然把学生当做独立思考的主体："孩子有自己选择的权利。"

重新学习竞争

"...Under no circumstances will they decay/When the world's extremely chilly/I comfort myself with my dear water lilies."

在"希望之星"英语比赛的才艺展示环节，李香书刚刚朗诵了自己撰写的一首《睡莲》。写诗是她在两年前养成的爱好，在这首诗中，她描述了莲花在微风中摇曳的优美姿态，用严格的英文韵脚，转述了中国思想中莲花出淤泥而不染的品质，"当世界陷入冷寂，我用我最爱的睡莲安慰自己。"

这场英语风采大赛越发激烈，赛场里很多孩子都是一副心事重重的模样，打扮成牛仔的小男孩，双手一直紧紧地抱着怀里的吉他；有个小女孩脸上还画着京剧表演的油彩，出了考场的门，"哇"地一声就大哭起来。

等到李永涛带着女儿出了考场，他的脸色看起来并不好，女儿的现场得分没有达到预期的目的，看来无法进入最后的总决赛了。

"宝贝你表现得特别棒。"沉吟了一阵后，李永涛拍了拍女儿的肩膀："你反应得真快，那本《小公主》，你一点都没卡壳，介绍得又流畅又到位。""可是分数好像太低了。""这个无所谓，他们有自己的评价标准，爸爸觉得这次咱们来的目的已经达到了。"

事实上，李永涛对这次比赛一直给予了很高的期望，此前他告诉我们，女儿曾经在"州长阅读挑战赛"中拿过全校唯一一个阅读金奖，即便是在国外，她的英语阅读涉猎和语言组织都在前列。只是在回国后的第一个大型比赛中，他们已经忘记了中国孩子竞争起来得激烈程度，虽然从福建赛区几千名选手中脱颖而出，但看到决赛中其他学生小提琴、笛子、魔术十八般武艺全上的情况，李永涛觉得自己"轻敌"了。

面对这样的结果，李香书反而十分淡定，她早就习惯了"重在参与"的比赛方式。在澳大利亚，她参与过大大小小的比赛，学校组织的各项比赛，并不是真正为了比出三六九等，运动会不需要选拔班里跑得最快的人参加，只要感兴趣，都可以到赛场上跑一跑。李香书很骄傲地回忆，班里有个小男孩，一路从学校、街区、地区比赛赢过去，一直跑到了全州的田径比赛。但在这样的体育天才之外，运动会更像是一个大 party，她参加了 100 米短跑，还参加过 11 岁以下 2 000 米越野跑，仰泳 50 米比赛，但具体的名次自己早就忘记了。

而对竞争的不敏感，正是李香书回国后最需要赶快适应的地方。过去轻松愉快的学习习惯，在她回国后遇到了巨大的冲击。在澳大利亚，李香书最直接享受的就是宽松的上学时间，每天上午 9 点才到校，她总能舒舒服服地睡到 8 点多再起床，上午有 2 节课，中间夹一段早茶时间。午餐过后，下午只有 1 节课，李香书认真地强调两次，"永远是准时放学。"

为了与母亲团聚，李香书回国后到了福建，在厦门附小读书。第一个月，李香书就累哭了。学校规定每天 7 点 50 分到校，比过去提前了一个多小时，上午 4 节课，下午 3 节课，每天的课程数量是过去的 2 倍，正常放学时间是下午 4 点 30 分，但进入六年级后，大量的作业和评改课程，几乎每天都会拖堂放学。

更严重的是文化课的进度，拿澳大利亚的进度到国内完全对接不上，过去在学校，李香书是全班数学成绩最好的几个人之一，每次练习老师都会给她发两张卷纸，题目都相对较难，而不擅长数学的孩子，得到的是一份题目简单的试卷，并不会有"优等生、差生"

这样的判断，也不要求所有孩子都齐刷刷地达到同样水平。在厦门，李香书又一次面临上课听不懂的局面，为了不降级，李香书花了一个学期的时间赶进度，半年后，这个聪颖的小女孩又一次以惊人的适应能力，重新跟上了上课进程，哪怕她并不喜欢这个节奏。

回过头来看，李永涛总结，澳大利亚的教育主张顺其自然，充分尊重学生的天性，老师总是在说"我不能强迫别人做事"。但以中国人的眼光看来，这样的宽松也使其基础教育过于轻松，到了六年级，很多学生还不会使用乘法口诀。相反，中国把教育当做一种谋生手段，基本功确实扎实，但最大的问题是过于讲究统一，什么都有标准答案，全班同学都按照同一个进度学习，扼杀了孩子们的创造性。

李永涛感叹，如果澳大利亚和中国的基础教育能结合起来就好了，而这并不是靠一个家庭能完成的任务。

提到未来，李香书几次都告诉我们，自己还想回到澳大利亚读书，一旁李永涛的笑容有点尴尬，短期之内，对于她的家庭来说，这并

不是件容易的事情。而如何让李香书理解国内教育的节奏，弥补没有学习奥数、没有明确竞争意识的差距，才是当下最棘手的问题。

　　李香书毫不掩饰对澳大利亚的怀念，她在自由的学习氛围中浸润已久，很多想法已经跟中国同学有很大差别。美术课上，她回忆在澳大利亚跟爸爸旅行时见到的草原，在纸上画出深深浅浅的绿色，老师告诉她，这种画面太枯燥了，应该再加点东西上去。"可是我当时看到的就是这样的呀！"李香书想不通，为什么一定要模仿其他同学的作品，给天空加上太阳和白云："画画为什么要跟别人一样？有些人的画当时大家就不理解，就像梵高。"

　　在又一次美术课上，老师让同学们画自己学校里喜欢的场景，同学们大多绘制了一栋楼房，画面的布局、颜色，大多又非常相似。李香书按照回忆，绘制了她在澳大利亚的教室，她告诉我们，这是她最怀念的地方。

中西教育下的国际人

　　中国教育中应试目的过于强烈，在千篇一律的标准答案中难免会抹杀孩子的创造力；而澳大利亚的小学教育虽然重视孩子的个性化发展，却缺乏一定的学习强度，过于松散。我们的采访对象张七认为自己从这两种教育体系中吸收了各自精华的部分，既不失孩子的创造性、思辨性又不会疏于对基础知识的学习。

　　六岁的时候，张七随着父母从重庆来到了澳大利亚。张七的父亲是重庆一所大学的教授，1999 年由于工作原因带着妻子和女儿前往澳大利亚定居，一开始他们居住在吉朗（Geelong），是维多利亚州仅次于墨尔本的第二大城市。当时张七才六岁，刚到读学前班的年龄，等到一切安顿好之后，也到了张七到新学校报道的日子。张七被父母送到学校，一进教室，只见四张桌子拼在一起，上面摆满了小孩子爱玩的玩具，班上一共才一二十个小朋友。当时张七对英语还一窍不通，她也没怎么跟其他小朋友打招呼，就在桌边坐下自顾自地拿起玩具安静地摆弄起来。

　　接下来的任务当然是要先过语言这一关。上学前班的时候学业上还没有什么压力，基本上是听老师讲故事或者孩子间做游戏，这给张七提供了很好的机会弥补语言上的空档，外语课是学校设置内的课程之一，当其他小朋友在学习印尼语的时候，张七就独自学英语。在她英语还半懂不懂的时候，有一次大家都围坐在地毯上听老师上课，她却默默地跑到教室角落的 dollhouse 玩起了洋娃娃，因为反正也听不懂。也许老师后来说了什么她没听懂，也许老师没有说什么，总之老师和同学对她还是很包容，毕竟张七是学校的第二张亚洲面孔，老师同学们都十分照顾。小孩子学习能力强，不到一个学期张七用英语交流就没什么障碍了。

在澳大利亚的小学一二年级还是十分轻松的，早上9点钟上学，下午3点30分放学，中间还有一个小时的午休时间。低年级并没有十分明确的课程划分，一般都是老师讲故事或者小朋友间做一些课堂活动。澳大利亚的教育比较重视培养小孩的动手能力和兴趣爱好，比如说课程活动中会让大家想一个环保的idea，然后自己动手实现；每周还会有固定的时间，在老师的带领下去图书馆读书，里面堆满了花花绿绿的儿童读物，这是张七十分喜欢的一个项目，她日后对阅读的兴趣也一定程度上受此影响。一次张七跟老师闲聊时，问起老师最喜欢的读物，张七第一次听到了《猜猜我有多爱你》这个书名，这是一个世界著名的儿童绘本，后来张七逛街时无意发现了这本书，自己津津有味地读完之后，还带去给老师看，当堂课老师就把这个故事分享给小朋友们了，这种细微的事情在一个年幼孩子的心里燃起一股无法言说的自豪感。澳大利亚还十分重视小孩体育的发展，澳大利亚的小伙伴给张七留下的最深印象是他们普遍运动很棒，因为澳大利亚的小孩从小就被送去进行各种田径训练，也有许多小孩子周末会在运动俱乐部打比赛。她周末也经常与朋友们相约一起打Netball等球类运动，一种主要以女生为主的类似篮球的团队运动项目。

如果单从学校教育来说，在学校的主要内容是玩儿，老师也不会布置家庭作业，实在是太轻松了。然而张七没这么轻松，因为家里还有一位"老师"布置了作业等着她。张七妈妈原本是大学的化学教师，跟丈夫到澳大利亚之后就基本放弃工作，把重心放在照顾孩子的饮食起居上，或许是事先对澳大利亚的小学教育有一定的了解，又或许出于职业本能，移居澳大利亚时她随身带了国内小学一二年级的教科书，每天放学回家会替张七补习国内小学生需要掌握的基础知识。所以时常能看到年纪小小的张七趴在桌前学写汉字，或者计算简单的加减乘除的样子。

很快就在澳大利亚居住两年了，二年级的某一天父母忽然提议让张七回国读书，一方面是父亲工作原因，另一方面是母亲也十分希望回国，而且考虑到当时张七的中文退步严重，他们一家又返回了重庆。此后几年，张七和妈妈长期在国内居住，而张七的爸爸则中国和澳大利亚两边飞。那时张七尚不能完全独立做决定，就听从了父母的安排，为此她还曾在被窝里默默抹眼泪，因为此前就听国内读书的表弟表示国内作业堆成山。

于是，2003年9月，张七就成为重庆西南师范大学附属小学三年级学生。第一天的升旗仪式，同龄的孩子们胸前都系着红领巾参加升旗仪式，而张七还不知道少先队员是怎样的一种存在，只知道班主任从抽屉里随手摸出一条皱巴巴的红领巾帮她系上，从此就成了少先队员。除了自己本身就优秀之外，也许是因为有着留学背景，张七的班主任对她十分照顾，对她的关注也稍比其他孩子多一些，比如会选她做学习委员，联欢晚会时选她做主持人等，班上的孩子们也觉得"哇，这个女生从国外回来的，好酷！"，再加上自身开朗的性格，很快就有了自己的朋友圈。在张七好友日后对她的回忆文章中还提到，"以前因为三年级的班主任过分地偏爱你，我还讨厌过你一阵，你不就是在国外念过几年书么，有什么了不得了。当时那是真的讨厌你呢，还是羡慕你呢？"

因为自身很强的适应能力，张七回国后并没有遇到什么大的困难，又因为母亲之前就有教授小学一二年级的知识，所以学业方面也没有落下，第一个学期的期末考试就取得了语文 97 分，数学 98 分的成绩。不过当时语文作文倒还是小小地为难她了，识字虽然不是问题，却不知道如何遣词造句组织语言。张七的妈妈见她写作文十分痛苦，还提议"不如跟老师打声招呼不要写了？"可是张七偏偏是个好胜心强的孩子，不愿意被区别对待，于是有一段时间的作文都是妈妈代笔写的。数学对她来说倒是小 case，也许是父母都是理科出身，也遗传了这方面的基因。

其实，张七在接受中国教育的这几年，还接受了澳大利亚的教育。张七的爸爸因为工作基本上半年在国内半年在澳大利亚，张七暑期还会到澳大利亚上一个学期的课程。澳大利亚的中小学一般都是年初入学，一年有四个学期，所以与国内的学业并不冲突，这也算是对她在中文的环境里待久了英文退步的一种策略。

这样的状态一直维持到张七小学毕业，如果不是签证的问题，也许张七会继续在国内读中学。此前她的父母并没有明确地打算让她什么时候再返回澳大利亚接受教育，她自己起初虽然没有在国内读中学的打算，可是四年下来，她与朋友之间发展起来的情谊多少会令她不舍。但是根据澳大利亚当时的政策，要成为澳大利亚的永久居民，必须五年之内在澳大利亚待够两年时间，为了不失去这个机会，张七小学毕业之后又回到了澳大利亚。

如今，张七已经是墨尔本大学金融系大四的学生，这个结果与她接受过澳大利亚、中国双重教育有着不能分割的联系。中国教育中应试目的过于强烈，在千篇一律的标准答案中难免会抹杀孩子的创造性，而澳大利亚的小学教育虽然重视孩子的个性化发展，却缺乏一定的学习强度，学习过于松散。张七却从这两种教育体系中吸收了各自精华的部分，既不失孩子的创造性思辨性，又不会疏于对基础知识的学习，当然，一部分也得益于张七父母的先见之明。此外，张七觉得澳大利亚和中国的双重教育给她带来的最大收获，是视野的开阔，这样的经历同时也培养了她良好的性格，"见多才能识广，所以当时我应该算是个比较有趣的人，才得以认识了很多有趣的人，变得更有趣吧，哈哈。这对一个小孩子还是蛮重要的。"

对于澳大利亚和中国两种教育制度的优劣，张七觉得没有可比性，因为适合自己才是最重要的。"国内小学教育……有点累吧，不过人口这么多也是没办法的事情，好在父母从来没有逼我上补习班；澳大利亚的小学教育没什么不好，但只适合澳大利亚，不适合国内。"然而别忘了，张七除了有接受过澳大利亚、中国双重教育的经历之外，她所受的家庭教育也起着至关重要的作用，在张七到了高年级之后，她的父母尽量把她放在平等的位置，在各种事情上尊重她的意见，这种开明民主的家庭教育也在潜移默化中使她形成了良好的性格。较之学校教育，张七认为"家庭教育比较重要，因为家庭教育是启蒙，决定了孩子对学校教育的接受程度"。

新加坡：轻度应试教育

　　新加坡的教育总的来说还是应试教育，虽然新加坡的小学相比于国内的小学可能更轻松一些，但是考试压力还是有的，有各种各样的考试要面对，所以说轻松也轻松不到哪里去。

"大龄"小学生

　　在新加坡育民小学的一堂数学课上总会出现这样的情景，数学老师因为没来得及准备心算题的答案，所以直接把一本学生的习题集拿上讲台放在投影仪上，当作心算题的正确答案给学生讲课。习题集的主人叫徐一鸣，来自山东省威海市，他是班里数学成绩最好的几个学生之一。由于数学成绩优异，五年级的时候，在老师的推荐下，徐一鸣抱着试一试的态度去参加了新加坡本地的一个奥数比赛（National Mathematical Olympiad of Singapore），没想到一举赢得了金牌。从老师那儿得知自己获奖时，他除了高兴也有些意外。总结自己获奖的原因，他认为除了自己数学成绩比较好外，还因为自己比同级的孩子大了两三岁。

　　徐一鸣的妈妈曾经尝试过申请在新加坡工作，在失败后萌生了让孩子在新加坡读小学的念头。因为她觉得新加坡的教育更好，所以即使遭到家里一部分亲戚的反对，在2003年的时候她还是带着徐一鸣来到新加坡求学。在中介的帮助下，徐一鸣成功地入读淡滨尼地区的一所邻里小学育民小学。当时徐一鸣已经九岁了，在山东省的一所小学读到了四年级。到了新加坡之后，为了更好地适应新加坡的学习，他不得不降到一年级从头读起，这就让他成了"大龄"小学生。但因为有国内学过的知识做基础，所以徐一鸣觉得自己"学起来会容易很多，特别是数学"。

不过，他还是明显感受到了英语和同学之间存在的差距，"因为新加坡毕竟是用英语教学，像很多家庭本身就是会说英语的"。虽然国内的小学已经从三年级开始学习英语了，他的英语还算不错，到新加坡之前还特地参加了三个月的英文培训，但是刚到新加坡的时候，他还是常常因为听不懂周围小伙伴在聊什么而苦恼。最后他慢慢适应了新加坡的英语，可是他依然没摆脱发音的问题。

"像现在即使我已经在新加坡待了10多年了，一般人还是会听出我的中国口音"徐一鸣说，"有时候讲快了还会含糊不清"。他记得小学二年级的时候，英文课的老师组织了一次讲故事比赛，他自己报名参加了这个只有五六个人的小型比赛。老师拿着故事书，徐一鸣则复述上面的故事，每发音错误一次老师就会让他停下来一次，纠正发音，这样反复纠正了三四次，让他觉得有点尴尬。

随着年龄的增长，"大龄"又常常反过来限制了徐一鸣。升入中学以后，因为年龄问题徐一鸣错失了一些参加比赛的机会。"因为很多比赛也是有年龄限制的，所以很多比赛我都参加不了了。像我今年本来有机会去参加国际化学奥林匹克竞赛，但是年龄太大。

各种各样的比赛都是年龄太大，所以不能参加。"这让徐一鸣觉得有些遗憾。初中三年级的时候，新加坡的一个电视台举办了一个大型比赛，并且要在电视台播出。徐一鸣通过了学校的考试选拔，并进入了训练阶段，然而老师却突然告诉他，他不能参加这个比赛了，原因是年龄太大。"对于一般人来说都不会遇到这个问题，年龄对他们来说都不是问题。"徐一鸣有些无奈地说。

"有时候我也会跟妈妈抱怨：要是我没来新加坡的话，现在大学已经毕业了。"然后妈妈反问他说，"要是你没来的话，你觉得你在国内会比现在过得好吗？"对于徐一鸣的"大龄"，妈妈也有点无奈，但总的来说，她觉得送徐一鸣到新加坡读书还是值得的，因为新加坡的就业前景更好，与国外的衔接也比国内好。

双语教育

"到新加坡学习最大的收获是英文，中英两种语言都会说的话，对以后的帮助其实是很大的。"徐一鸣谈到自己的收获时这样说。新加坡的教育特色之一就是实行双语教学，要求每个学生要同时学习英语和自己的母语。小学除了母语课以外，其他课程都由英文教授，每个小孩从小学入学一开始就选定了自己的母语。由于四年级才到新加坡，徐一鸣有较好的汉语水平，所以在华文课上老师跟他说，你可以做你自己的事情，不听课也没有关系。

"普通的华文课就是照着课文朗读，然后讲课文，练习写信读说等等，就像国内的小学但是水平没有那么深。"课文的内容一般都是寓言故事，还有一些改编的故事，很少会有诗词歌赋，也不需要背课文。"偶尔的选修课文会出现古诗，但是新加坡不怎么讲诗，所以不会出现小时候背两百首唐诗然后还记得的情况。"徐一鸣笑着说。

徐一鸣说自己最喜欢的课程是英文课，英文课没有课本，所以老师常常会利用活动来授课。他还记得二年级的时候，年轻的英文老师常常会带一些垫子到教室里，让孩子们舒服地坐在垫子上，给他们讲莎士比亚的作品或是其他的故事。由于他们年纪太小不能领会莎士比亚作品中的含义，老师常常是讲一段故事停下来解释一遍含义。"让我印象深刻的是《麦克白》里面有三个寓言，老师在讲故事时会一一讲解每个寓言的形式和后面分析的方法。"

徐一鸣想起自己在国内有一次上英文课，"老师问我 what's your name？（你叫什么名字），但是我没听懂，就愣了好久。"国内的老师在教授时，还会用中文来解释英文单词，并且强调不准用拼音注音，但是老师又不教给他们音标，所以他们也没法注音，不知道怎么读单词。"我记得小学的时候有个同学，他自己在外面学了音标，然后在课本上用音标注了音，他的课本被另一个同学借去了，那个同学用橡皮擦掉了他的音标，说老师不让用拼音，你不可以用！"

在经历了中国和新加坡两种不同的语言教育之后，徐一鸣觉得"中国上英文课不是把英文课当做英文课来上，而是把英文课当做第二语言，然后再教导。而新加坡的华文课，完全是以华文来教华文，所以不会变成用英文来教华文这种现象，而是完全在教华文。"

徐一鸣提起，他曾经在网上看到，有人认为新加坡的华文将来会变成和中国的英文一样差。但是他比较认同的一个观点是，新加坡的华文还是会比中国的英文好一点，因为他的华文课老师都是中国人，有的还是新华社的记者，老师的水平还是挺高的。

在日常的生活中，徐一鸣已经习惯了在不同的地方使用不同的语言。在学校或者一些比较正式的地方比如商场，他都会说英文，而在家或者一些休闲放松的地方比如咖啡馆，他就会说中文。虽然学校里面有很多拿奖学金过来读书的中国同学，但和他们在一起时，徐一鸣也大多使用英文交流。

轻松愉悦 or 压力山大

　　到新加坡以后，徐一鸣最大的感受是上学时间短了。新加坡的小学每天只上半天学，一般早上 7 点 30 分上学，下午 1 点放学。每天早上 7 点 30 分，徐一鸣要到学校参加升旗仪式。在升旗仪式上，新加坡的学生要读一遍新加坡的公民宣誓，而徐一鸣这种外国小孩只要看着就好。8 点开始上课，每节课都长达一个小时，要一直上到 9 点 10 点左右，才会休息 30 分钟到一个小时，之后又接着上课一直到放学。除了 30 分钟的休息时间，课与课之间他和同学都不用出教室，直接换老师就行。徐一鸣说，"我还是比较喜欢国内每节课之间都会有休息时间。虽然以前新加坡的老师跟我说，一个小时的课按理他们应该只排 50 分钟，所以会有非正式的 10 分钟休息，但是老师一般也会用满一个小时。"

　　下午放学之后就是各种社团活动的时间，学校要求每个孩子必须参加一个社团。"新加坡比国内好的一个地方在于它的特长招生比国内多，像中考的时候如果课外活动好的话是可以加分的，"徐一鸣说，"但是有的人也觉得新加坡除掉考试之外还有课外活动，两边都要兼顾的话压力特别大。"

　　以前在国内的时候，徐一鸣只参加了学校的乐队，而到了新加坡之后他参加了华文戏剧社和垒球社。下午放学后，徐一鸣常常去戏剧社和同学一起排演各种戏剧片段，或是花两三个小时在垒球社进行训练。在戏剧社徐一鸣度过了很多愉快的时光，作为戏剧社的成员，徐一鸣和其他社员常常被学校派去参加各种与华文有关的比赛，或是在学校庆祝春节的活动中表演戏剧或者相声小品之类的节目。有一年徐一鸣要和社员们表演后羿射日，徐一鸣饰演后羿。当时老师看着他说，后羿是个猎人，但是你看起来都不像，如果你有古铜色的肌肤我们就可以让你直接光着膀子上台。但是你没有只好给你加个披风，让你看起来帅一点。

　　徐一鸣的小学每年都会举行一些庆祝活动，比如庆祝马来新年、印度新年，庆祝中秋等等。而最让他印象深刻的是庆祝中秋的活动。"中秋活动是晚上，我们下午6点多到学校，看学校的演出。那个时候会有很多人穿唐装、旗袍出来。学校有猜灯谜、月饼蜡烛等活动，到九点多的时候，我们还会拿着灯笼绕学校走一圈。而且学校还会邀请舞龙舞狮的来表演。"除了传统节日的庆祝，学校每年还会在每年年底举办嘉年华活动。学生、家长、老师会摆出各种各样的摊位或是卖一些食物或是设置一些游戏让人来玩。学校会把这种活动收到的钱用来设立一个专项基金帮助贫困家庭的孩子。

　　最让徐一鸣高兴的是新加坡小学的作业少了很多，以前在国内的时候常常会有作业太多做到晚上11点的情况。"新加坡一般不会出现大陆那种做作业做到晚上10点的情况，除非是你自己太傻了。作业不会太多，一般都是每天都有作业可以做，但是想拖的话也可

以两天或三天做一次，一次做完。"因为作业不多，徐一鸣回家常常不做作业，尤其是数学作业，他经常是到了学校，老师要开始讲课的时候，他才摸出习题集开始写作业。而他们的作业也并不枯燥无味，比如英语课的作业会让他们画一个祖宗三代的简单族谱，美术课要求画一张画，科学课要求做一些小实验等。

徐一鸣还有一个感受就是新加坡的假期很多。"新加坡一个学期分为两个学段，10 个星期为一个学段，学段与学段之间会有一个星期的假期，学期之间分别会有 4 个星期和 6 个星期的假期，平时还有很多公共假期，所以假期不会少。"放假的时候，徐一鸣有时会去附近的图书馆看书，有时会在家玩电脑，而他的一些同学却要去参加补习班。

"新加坡的小学相比于国内可能更轻松一些，但是考试压力还是有的，有各种各样的考试要面对，所以说轻松也轻松不到哪里去。新加坡教育的应试成分跟中国、韩国、印度比偏少，没那么严重，不过总的来说还是应试教育。"徐一鸣这样评价新加坡的教育。

新加坡的小学每年会有四次大的考试，10 个星期一个学段结束后将会进行一次期中考试，两个学段一个学期结束后又会进行一次期末考试。考试结束后也会有班级排名，年级排名。而从小学二年级开始，学校就会根据学生的考试排名进行分班，从第 1 名到第 300 名，前 40 名一个班，后 40 名一个班，再后面依次排列。"小学班级一年一换，因为按成绩分班，每年的成绩都会有上有下。而成绩是由期中和期末考试的分数决定的，期中成绩占 30%，期末成绩占 70%。"因此，新加坡的学生从小就面临着很大的考试压力，一些人不得不去参加各种补习班。

新加坡的教育被一些人视作精英式的教育，国家很注重人才的培养和选拔。徐一鸣在小学三年级的时候参加了政府组织的在全新加坡进行的高才班选拔考试（Gifted Education Programme，GEP），这个考试旨在选拔出最优秀的学生进行培养和教育。"通过 GEP 的学生会转入 9 所特定的学校进行学习，参加一个特别的计划。这个计划的时间长达 9 年，会一直延续到中学。在这个过程中他们会学习更多的东西，体验不一样的教学方法。"徐一鸣介绍说。

不一样的高考路

"我觉得在新加坡读书很幸运的事是躲过了高考，"徐一鸣笑着说，"我现在读的是新加坡国立附属数理中学，不用高考，直接拿文凭升入大学。"徐一鸣现在就读的中学是新加坡唯一一所不用参加高考就可以上大学的中学，而与这所学校结缘则是因为小学获得奥数比赛的金牌。

"这个奥数比赛的主办方其实就是数理中学，获奖之后主办方就通知我去他们学校参加颁奖仪式。当时我才了解到有这个学校的存在，而且当时看到它的校名里面有数理这个字眼，那时候我又很喜欢数学跟科学，所以差不多就是同一时间想到，嗯，明年可以申请这个学校试试。"于是在第二年也就是六年级的时候，徐一鸣申请了这所学校。

"因为我得过奥数比赛的金牌，所以在我申请这所学校时，它起了不小的作用。"得过奥数比赛金牌的经历，让徐一鸣以学术特长生的身份申请了数理中学。"近几年开放给特长生的学校和学位越来越多，"徐一鸣介绍说。这些特长不仅是常见的体育和艺术方面的特长，还有两个特别的特长即学术特长和领导能力特长。"学术特长，就是像数学科学或者奥林匹克得过奖项的话可以申请，领导能力就是担任过社团里面的社长或者参加过小学学生会之类的就可以申请。"

在申请数理中学时，徐一鸣要通过两轮考试。首先是笔试，笔试会考一些小学课本以外的知识，比如科学方面的知识等。由于平时爱读百科全书之类的科学书籍，徐一鸣很容易就通过了第一轮的考试进入了第二轮。第二轮的考试是以两天的选拔营方式进行的，选拔营是用活动的方式来测试学生物理、化学、生物方面相关知识的水平。徐一鸣还记得测试物理知识时，让他们一个小组用报纸搭建一个塔，但是组员之间不能说话，看他们用沉默的方式如何进行沟通和合作。旁边坐着老师在观察他们的表现。最终徐一鸣成功地通过了数理中学的选拔，但是他依然要参加新加坡小学升初中的考试——"小六会考"（PLSE）。

"小六会考"是所有新加坡小学毕业生都必须参加的一个考试，一共考英语、母语、数学、科学4门，满分300。学生将根据自己的分数高低入读不同的中学，所以这个考试对新加坡小学生的重要性不亚于国内的小学升初中考试。徐一鸣回忆，升入六年级之后老师和学生都比以前紧张了不少，老师会布置更多的作业，更多的学生参加了补习班。他还记得，学校一直都没有安排过补习，在小学六年级第一个学期的假期里，专门给学生开了两周的补习课。

徐一鸣在"小六会考"之前就接到了数理学校的通知，只要他"小六会考"的成绩够200分，他就可以以学术特长生的身份进入数理中学，所以他以很放松的心态参加了会考。"当时考完了我就直接在考场睡觉，然后同学考完之后跟我说，你怎么可以睡觉？会考欸。"徐一鸣笑着回忆起当时的会考。

不同于徐一鸣的顺利，他的大部分同学还要面临中考、高考等一系列考试的压力。在徐一鸣看来，新加坡还是一个重成绩重分数的国家。他说："因为新加坡一直很讲究看能力做事，所以都是选拔有能力的人，但是又会让大家过度注重了能力，而这个能力在学习期间很多人就把它当成分数而显示出来，所以大家都很注重分数。"
为了遏制这种只重分数的风气，这两年新加坡推行了一个政策就是
不公布中考和高考的分数，而是采用 ABCD 的等级划分的方法来公
布成绩。"这样大家才不会注重那一两分。而且过几年"小六会考"
也是会变成以等级制来代替分数制的。政府希望通过这样的方式来
转移大家对分数的注意力。"

第五章

没有完美的教育

每个人的成长都有着他的独特性。我们不能
否认教育的重要性，但如今的社会风潮又过
于强调学校教育带给个人的影响。没有完美
的教育，家长与孩子在教育中的一起探索或
许才是教育的本真的目的。

挑战语文教材权威的妈妈

今天的家长们在辅导孩子功课的时候，会不会偶尔对教材感到困惑、不满、无奈，甚至可能是鲁迅式的"出离愤怒"。我们这些60后、70后和80后家长们，自己小时候就是背着各种范文长大的，《明天还有明天的事》《司马光砸缸》《孔融让梨》等。这些典范意义极强、寓意大于内容的文章，影响了今天很多中国人思维展开的方式，也在很大程度上使得我们的教育者、研究者对于问题的钻研很难深入——我们过于看重文字表达的宏大意义，而缺乏把文字作为工具帮助我们探索和记录这个世界的能力。

于爱群原本在中央电视台工作，2007 年她申请到一个去美国做访问学者的机会，带着正在读小学的女儿一起前往加州伯克利大学。于爱群原本对女儿的教材理解不多，但考虑到怕孩子回国跟不上学校进度，在美国时，她每周给孩子上两次语文课。可是这样的家庭教学很快就进行不下去。很重要的一个原因是，当于爱群仔细研读国内语文教材时，好几次气得把书摔在了桌子上，她觉得语文教材有些地方不符合历史事实，有些地方与她的价值观非常背离。还有一些文章已经过时很久，当文章所在的社会环境不存在之后，这些文章读起来让人哭笑不得。

大不相同的写作课

于爱群对于中国基础教育的感受，首先缘于孩子写作文。在国内时，于爱群把女儿送进了北京一所传统名校。每到写作文，于爱群和女儿都犯愁。作文题目要么是《我人生道路上的一件事》，要么就是《给我印象最深的一件事》，九岁的孩子几乎天天学校和家里两点一线，作文几年来就是那么几个题目变来变去，她能写出什么新意呢？

一次老师让于爱群的女儿PONCHO重写作文，老师说：第一因为她写得太长了，考试的时候判卷机器只录入800字，超出部分就白写了，而且文章还不完整。于爱群说："我一听，心立马凉了。一切围绕考试转，连字数都被限制住了。"第二，她没有集中写一件事，而是想到哪写到哪，主题不集中，看也看不懂。这样下来，PONCHO对写作退避三舍。到了美国的小学后，于爱群发现，女儿的老师布置的作文题目是：有一天早上，当你来到学校，忽然发现，老师和同学们都看不见你了。在你身上发生了什么？你会怎么办？老师要求学生写一篇文章，至少两页纸。

另一个题目是：有一队科学家在进行深海科学考察的时候，发现了一种奇怪的鱼。科学家们认定这是一个新物种，人类从来没见过。这条鱼长得什么样？科学家们是怎么发现它的？发现之后又发生了什么？写一篇文章，至少两页纸。旁边还配了一幅画，是从潜艇的舷窗中望到的海底景象。让学生同时将这条鱼画下来。于爱群感慨"这样的题目，如同见到色香味俱全的佳肴，不由得人跃跃欲试。它传达出来的信息是，想象力比技巧更重要。"

美国对孩子写作能力的训练似乎主要是靠大量的阅读，激发小孩的写作兴趣。在中国的课堂上，小说一直是 "课外书"，被老师发现是要没收的那种。但是在这里，阅读课的主要部分就是读小说。全班20多个孩子分成几个小组，每组选不同的小说，读的时候要回答问题，当作家庭作业，课堂上要讨论，分析结构，人物性格，叙事方法，读完了还要写读书报告，还要口头演讲。一般一个月读一本，然后老师会给各个小组一个评价。接着读下一本。当然下一次读书小组的成员可能有变动。于爱群和女儿一起读过《戴斯佩路的故事》，是关于一个小老鼠的故事。还读过《莫莉·穆恩》，讲一个会催眠术的女孩的故事。这之后，PONCHO 就可以自己阅读了，她最喜欢的一个系列是 Unfortunate events（倒霉事件系列）。没想到的是，在这样的教育环境下，PONCHO 的写作热情被大大激发了。她开始自己写小说，现在已经写到了第 15 章，2 万多字，是关于魔法的。PONCHO 写在一个本子上，再由于爱群录入电脑，发到她自己的博客上。于爱群录入的时候常常觉得很累，而女儿写得却乐此不疲。"我问，你准备写多少章啊？她说，看情况吧。我说，这个本子写完就收尾吧。她说，那怎么行！还有好多没写呢。"

给语文教材挑错

在有了对中美两种教育方式的比较之后，于爱群对于从国内带来的语文教材，更是多了一份批判精神。她觉得语文教材有些地方不符合历史事实，有些地方与她的价值观非常背离。还有一些文章已经过时很久，当文章所在的社会环境不存在之后，这些文章读起来让人哭笑不得。

于爱群一肚子牢骚，"我的孩子平时读的就是这种质量的文章吗？"等平静下来后，于爱群想："抱怨牢骚没什么用。作一个负责任的家长，负责任的公民，还是脚踏实地地做点有推动作用的事吧——坚持不断地'抱怨'。如果每年都有家长做这样的事，教科书的改进还是可以期待的。"于是她给教科书编者写了下面这封信。

XXX、XXX 两位主编，你们好：

我是XXX实验小学一位5年级学生的家长。孩子使用的语文课本正是由你们主编的"XXX标准实验教科书"。在陪孩子学习的过程中，我发现五年级语文课本（上册）中一些不够准确和有待商榷的地方，今天一并提出来，希望得到你们的答复。

1.《黄河象》

据说这是一篇科学小品文。文章从考古挖掘出来的一头早已灭绝的剑齿象骨骼化石展开想像：

"大约200万年前的一天，……一群大象在一头老年公象的带领下，扑踏扑踏地从远处走来了。疲劳和干渴，把它们折磨得有气无力。一望见前面有一条小河，它们就高兴地跑起来。"

我的问题是：

现存的大象，不论是非洲象还是亚洲象，象群都是以母象为首领的。不知道这位作者有什么根据认为200万年前的剑齿象是以公象为首领的。

2.《他发明了什么》

讲述一位叫惠特尼的美国人，在18世纪发明了一种方法，叫"标准化"。

"1797年，美国独立不久，为了捍卫主权，要与外国作战，政府需要定制四万多支毛瑟枪。按那时的制造工艺，'四万支枪'可是个不小的数字。时间紧迫，到哪里去找那么多铁匠呢？

有一位叫惠特尼的青年挺身而出，说他可以制造出来。许多人都说惠特尼是个不知深浅的骗子，没有人相信他有这个能力。情急之下，惠特尼决定向人们展示他的办法。

惠特尼请大家到他的工厂参观，杰斐逊总统也去了。

……

听了惠特尼的介绍，杰斐逊总统非常高兴，当即命下属与惠特尼签订了生产合同。……"

这是一篇历史小故事，惠特尼请总统参观自己的工厂确有其事。但是我翻看了两篇有关文献，匪夷所思地发现，这短短的小故事，却充满了史实错误：

(1) 1797 年时的美国总统不是托马斯·杰斐逊，而是约翰·亚当斯。文中提到的惠特尼向总统展示产品的时间是 1801 年 1 月。那时候，杰斐逊也不是总统。虽然他已经当选下一任美国总统，但是要到 3 月 4 日才能正式宣示就职。他是以 President elected（候任总统）的身份和约翰·亚当斯总统一起去看惠特尼的展示的。（《兵器史：由兵器科技促成的西方历史》）

(2) 惠特尼出生于 1865 年，当他向总统展示自己的标准化工艺时，已经 36 岁，他一共活了 59 岁。说他是"青年"，不知道合适否？

(3) 文中说杰斐逊当即下令签订生产合同也是不确切的。惠特尼早在 1798 年就与美国陆军部签订了生产 1 万支步枪的合同。但是在收到了一笔高达 5 000 美元的巨额预付款之后的 10 个月里，他基本上毫无进展。之所以向总统进行演示，是因为合同马上要到期了，而他根本无法按期交货，他想通过演示来说服总统，他有好的想法，只是需要更多的时间。结果他成功了，不仅得到了更多的时间，还得到了更多的钱。

（4）惠特尼的标准化并没有提高效率、加快进度。直到合同规定期限的八年之后，即1809年，他才把一万支枪造好。那时候，所谓维护主权的战争（其实只是威胁，并没有真正开战）早已过去了。《维基百科》

惠特尼在美国历史上是一个有争议的人物。他以"轧棉花机"的发明者而著称，这种机器被认为是工业革命时期最重要的发明之一，在美国南方种植园中广泛使用，《维基百科》称这项发明"巩固了美国南方的奴隶制"。而他自己则在后半生时间里不遗余力地推销"零件互换工艺"。但是由于他的工厂生产的枪支质量很差，造假奇高，可以互换的只是很少一部分，大部分还要靠手工制造，以至于美国军方决定再也不和他签订合同了。他的历史意义在于，启发了当时的政治家和其他工业家，在机械生产和技术革命中逐步实践和完善了"标准化"。

这篇文章为了说明一个道理，就主题先行，人为地改编历史，并且遍布错讹之处，不是一篇好文章。

3.《成吉思汗和鹰》

这篇文章是在"面对错误"这一单元。讲述成吉思汗在打猎途中口渴，想接泉水解渴。但是他的宠物鹰却一次一次地撞翻他接水的杯子，最终惹恼了成吉思汗，射死了自己的鹰。之后，他才发现，这泉水的源头处，有一条"粗大的剧毒死蛇"，"几乎占满了整个池子"。成吉思汗明白，是鹰救了自己的性命，而自己却杀死了它，不禁追悔莫及。结论是："今天我得到了一个沉痛的教训——永远不要在发怒的时候处理任何事情。"

此文的历史可靠性也比较可疑，以我之见，如果成吉思汗真的懂得"不要在发怒的时候处理任何事情"的道理，历史上就不会有那么多血腥的屠杀了。但是文章一开头就说是"传说"，所以对史实可靠性也就不再追究了。现在只说说科学可靠性的问题：被死蛇盘踞的那池水真的有毒吗？

人人知道蛇毒可以致命。但是蛇毒一般是通过血液和神经系统而发挥毒性的。毒蛇伤人时，位于头两侧眼后下方的毒腺分泌蛇毒，经排毒导管进入毒牙鞘内，靠肌肉收缩，蛇毒经插入被咬者伤口的毒牙挤压入被伤者体内。毒液随被咬者血液和淋巴扩散而引起伤者出现中毒症状。蛇分泌毒液就好像人分泌唾液一样，是一种生命活动。蛇都死了，哪里还能再分泌毒液。

退一步说，就算这条蛇在临死之前分泌了毒液溶在水池里，那么这水是否就被毒化了呢？

答案是否定的。首先蛇毒是一类复杂的混合物，有毒成分主要是蛋白质和多肽。一般新鲜的蛇毒在常温下24小时就会腐败变质，丧失其毒性。（科学新课程—漫话蛇毒）在高温、溶水、其他物质介入的情况下毒性丧失更快。其次，蛇毒需要通过受伤的伤口，进入血液和神经系统才能发挥毒性，通过消化系统很难发挥作用、致人死命。

这个传说没有科学依据，容易对孩子造成误解。为了教给孩子一个道理而顾此失彼，得不偿失。

以上是史实依据和科学依据方面的硬伤。此外，我还想就三篇课文提出一些看法。

第一，《中国一日》一文是 1994 年的新华社新闻稿，既是新闻，却距今有 15 年，离上学期的 2008 年也有 14 年时间，可以当作新闻史教材了。堆砌这么多 15 年前的数字，是想让孩子了解中国的"变化"。可是，15 年前的旧数字，能让孩子了解今天吗？为什么不选一篇带有最新数据的文章呢？

文后也说，本文写于十几年前，希望学生能自己查找并核实最新数据，看似可以训练学生自己动手查找资料的能力，但我认为只是为了遮掩文章陈旧的尴尬。

第二，我惊讶地发现公木先生的《英雄赞歌》也被收入课本。公木先生一生研究先秦文化，却以一首"革命气概"的歌词为世人所知。先生已经作古，本不该妄加菲薄，但实事求是地说，这口号式的歌词毫无文学性、毫无美感可言。先生自己生前也曾表示惭愧。现在仍把它列在课文中，不知道孩子们能从中得到什么呢？

"英雄猛跳出战壕，一道电光裂长空。
地陷进去独身挡，天塌下来双手擎。
两脚熊熊踏烈火，浑身闪闪披彩虹。"
……

长空电光，天塌地陷，脚踏烈火，身披彩虹，翻江倒海，天崩地裂，怒目喷火，敌人腐烂，勇士辉煌……

比喻失当，浮夸空泛，文字面目可憎。而我以为将之列入小学课本不妥。

以上就是我作为一个家长的意见和建议，希望得到你们的答复。

于爱群的信发出后，确实得到了教材编撰负责人的回复。她被很客气地邀请到了教材编撰者的办公室，一位长者很诚恳地为教材中的错误道歉，并且表示了对这些错误存在的惊讶。

这位长者说，教材编撰经过了大量人员的审核，居然还有这么多错误，希望能邀请于爱群参加以后的教材编撰工作。虽然这个客气的口头邀请并没有真正成为现实，于爱群觉得自己至少表达了意见，她也希望更多的中国家长主动发挥作用，给孩子争取一个鼓励独立思考和批判精神的成长环境。

不要一味迷信西方教育
美国公立教育的问题不少

　　"比较中美两国的教育，我觉得中国大中城市的公立教育是非常不错的，不要过于贬低了国内教育。没有一种教育是完美的，你不可能既要求这个目标，又希望达到那个目标。

　　国内的老师很负责任，督促孩子进步，教学质量还是不错。家长们不能因为对学校有不满的地方，就说中国的教育完全不行。"杨秋媛是一位40岁的妈妈，在美国生活了近10年。她经常从亲朋好友那里听到她们对中国现在公立教育的抱怨。就杨秋媛在美国送两个女儿读书的经历来说，她觉得美国的公立教育也有着不可忽视的问题。

　　我和先生在30岁出头时，产生了想去美国长期生活的想法。本来我们在北京的生活挺安定的，这下子连根拔起，也算是下了很大的决心。大女儿一岁多的时候我俩都考上了美国的硕士学位，彻底离开了北京。刚到美国，我们的适应过程中也有痛苦的时候，不过随着一切安定下来，我越来越享受这里的生活。

　　如果让我谈谈美国的教育，我觉得不能一概而论。美国国土面积大，地域之间的差别大，我生活在加利福尼亚的硅谷，这里人们收入普遍较高，物价也高，孩子的教育状况只能代表美国经济发达地区的状况。

美国的主流教育也是推崇好大学的，所以很多家庭间的竞争也比较激烈。为了上一所好大学，家长希望孩子从小学到高中都一路读名校。就硅谷的湾区来说，最好的中学有那么四五所，这些中学的毕业生考上名校的录取率很高；最差的中学则学生连毕业都不容易。孩子如果希望上好中学，就最好来自一所基础扎实的私立小学，因为我们这边公立小学的学生一般基础不太牢，上到好的中学就会比较吃力。如果一个公立学校在富人区，家长委员会有捐赠的习惯，那么这个学校的财力就不错。在亚裔居住区，家长们往往没有捐赠的习惯，西班牙裔很多家长收入低，也不在乎教育质量，这些地区的学校财力就很有限，经常会取消学生的音乐、美术等课程。

　　在美国，家长给孩子选择什么样的学校，基本是家庭经济条件决定的。硅谷这里收入最高的CEO或是风险投资人，给孩子选的是顶级私立学校，这样的私立学校一年学费五六万美元，家长还经常给学校捐赠。他们也能给孩子提供强大的交际网络，拥有的机会多，所以往往家庭教育也很强大。

　　我们这样的家庭，夫妻双方都有不错的工作，给孩子上一般私立学校没问题，我觉得对于我们这样家庭的孩子来说，学校教育和家庭教育各自发挥着作用，我们是典型的中产阶级家庭。比较起来，很多西班牙裔家庭，经济条件差，父母对孩子的教育也完全无所谓，这样的孩子就只能依靠公立学校了。

　　我一开始给大女儿选择了一所私立学校。不过在读了两年后，我决定给她转到公立学校。这样的选择可能让人觉得有些奇怪，不过我是考虑到这样几点：一是女儿之前的私立学校某一个族裔的孩子占到了八九成，族裔的多样性不够，而真实的美国社会是一个种族非常多元的国家；第二，这所学校女孩有 80%，显得比例失调。另外，学校离我家远，不太方便。我考虑到真实社会的组成很像公立学校，觉得孩子应该有上公立学校的体验，所以在女儿小学三年级的时候，我给她转到了离家不远的公立学校。

　　女儿到了公立学校后，感觉那里的师生素质整体不如私立学校。之前她读的私立学校的同学，礼貌和教养好一些。私立学校的英语和数学难度大一些，教学进度也快，另外计算机、科学课程比较有趣。女儿觉得公立学校的英文课程太简单了，有点无趣。女儿在读私立学校的时候，有时候回来会说某个老师知识很丰富，比较崇拜那个老师，但是到公立学校后女儿从来没说过这种话。

　　美国公立学校的老师是终身制，既有负责任的老师，也有混日子的，良莠不齐。

　　在布什政府实行"一个都不落下"法案之后，公立学校的老师也有抱怨，他们说工作量增加了很多。而且"一个都不落下"使得老师必须照顾差生，所以老师们必须面对"良莠不齐"的生源。我女儿现在的老师总是请假，临时请别的老师代课，这在私立学校就很少发生。我听说这个老师有个第二职业，在健身房当教练。

　　美国社会对公立学校的教师终身制争议是挺大的，一些人激烈地反对公立学校教师的终身制，认为这种制度保护了差教师，耽误了孩子。我的一个朋友在新西兰一所小学做过志愿者，规矩没学好的小孩使得老师课堂管理很困难，一堂 30 分钟的课，老师要花一半的时间维持秩序。老师管教学生时，不听话的孩子会冲着老师嚷，老师只能让他们去校长办公室。但是这样一点用也没有，不爱学习的孩子仍旧非常影响教学秩序。

就我所在的地区，美国公立学校的老师不批改作业是很正常的，老师们认为在上班时间精力都花在课堂上了，没时间批改作业，这样使得学生很难知道自己做对了题目没有。

但是也不能绝对地说公立学校一定比私立学校差，我觉得还得看每个孩子的特点。我大女儿成绩不错，她是那种自我激励的孩子，公立学校的自由活动时间多，她会把时间用来读书学习，我觉得反而锻炼了她自我管理的能力。比如从周一到周五的上午，学校上课时间是 8 ~ 11 点，剩下的时间有的孩子选择运动，有的玩耍，我女儿一般用来读书。

加州对于学生阅读的课外书算点数，每本书都设计了一套问答题，设计到故事的细节等等，以此来衡量学生的阅读能力。我和女儿最喜欢现在这个公立学校的自我阅读系统。每个孩子自己在计算机上用这个阅读系统测试自己的阅读水平，然后根据自己的水平在学校图书馆借阅相应的书籍。每读完一本书后，再在阅读系统中做一个关于这本书的内容的小测试，确定自己是否真正读懂这本书。小测试通过以后，学生可以挣到这本书设定的得分。得分到达一定数值以后，学校会给学生发个小奖牌，这样学生会很有成就感，更愿意读书。此外，因为这个系统给学生一个自己管理学习的空间，可以帮助学生提高学习的独立性、自主性和自我管理的能力。我女儿虽然读三年级，但是阅读能力已经达到五年级的水平了。所以我觉得老师管得少也不是没有好处，孩子能够设定目标，然后自我达成。但是对于那些缺乏自我约束能力，家里也不太管的孩子，就容易耽误了。

我和国内一些亲戚联系时，她们总是抱怨国内的公立学校有多么的教条、多么的不符合孩子的天性，觉得孩子的自由度不够。可是在美国，小孩从第一天上幼儿园开始，老师要求的就是"遵守规范"。我觉得现在国内家长有些太强调给孩子自由了，过于排斥公立学校系统。我们经常提到的国内教育不足，一是孩子缺乏领导力(leadership)，一是孩子缺乏创造力（creativity）。但我仔细想想，这并不完全是教育的问题，美国的学校、公司和整个社会都强调领导力和创造力，也保护创造力，孩子们才能有这样的特质。中国的公司和社会如果不强调创新能力，不去保护知识产权，就算学校给孩子这样的教育，用处也不大。

我希望我们的下一代
没有地域和语言的限制

诸葛越有着光鲜的教育和职业履历：一路从清华、纽约大学到斯坦福的博士，又多年在微软和百度任高层管理工作。她自己在中国和美国有多年的教育经历，她的两个儿子在美国生活了几年后，随着全家的迁移计划，进入了北京的国际学校。诸葛越花了很多时间探索教育这个话题，她希望下一代比自己更国际化，认为成功的教育是让一个人终身都有学习的动力。

八年前我和先生带着两个儿子回国时，很大程度是因为教育问题。我本人很认同西方的教育理念，但是我不希望孩子成为 Banana（香蕉人），我希望他们在中国文化里找到归属感，成为自信的国际人。从美国回来的时候，我们原本只打算待三年，那时候大儿子八岁，小儿子还在上幼儿园。

我是 20 岁去的美国，在那儿待了 16 年，所以中西方文化对我的影响，可以说 half—half．。我从小在贵州长大，父母是支援三线贵州兵工厂的知识分子，我爸是个工程师，我妈是小学老师。我从小读书就很聪明，数学成绩特别好，那时候我在假期里就把下一学期的数学课程自学完了，接下来整个一学期的数学课就在课堂上发呆。我父母或老师那一辈没有更多培养我的意识，只要我成绩好就可以了，现在回想起来，我在中学有好多时间都浪费掉了。要是在当时我学习的天赋能得到更进一步的引导就更好了。

我天资还算不错，顺利考上了清华大学的计算机系。在清华读到本科三年级的时候，我申请到了纽约大学石溪分校的硕士，有奖学金。我当时糊里糊涂地，申请好了之后才发现我申请太早了，所以我本科第四年就去了美国，在清华算肄业。那是1990年，在美国时我身边的中国留学生多数是公派的，他们知道自己不会留在美国，很多人想着赶紧赚点钱回国，所以和美国当地人接触不多。我那时候年轻，有奖学金，对美国社会比较有探索精神，和美国当地人在一起玩。两年后，我考上斯坦福大学的硕士，后来又读了博士。

到了美国后，我有十几门功课要学，其中一半偏数学的，我学得比较轻松，但是另一半就觉得很难，等于是在重学了。在清华的时候，我们学计算机只是在背书，动手能力很差，完全没有做过项目。而且中国学生的英文写作能力很差，到了美国后要大量地写作文，对我们来说非常痛苦。我毕业后做了产品经理也要写产品说明，这些都是中国人的弱项。比较起来，美国的小孩子在学龄前就开始训练演讲、辩论，但那时候的中国人基本没这个意识。所以我花了大量的时间补写作、演说这些弱项，当时我就想，如果我在中学时的教育更实用就好了，这样英文写作不会如此费力，我所拥有的数学天分也可以往做独立项目方面发展。

我从纽约大学石溪分校毕业后，也曾被 MIT 录取，我去那儿看了一下，发现牛人太多了。那些从小就对某门理论学科感兴趣的人，在西方教育中可以获得针对性地发展，他们在某个擅长的领域已经发展很久了。而我们中国学生在技术方面可以做得不错，但是学术上离西方教育中的优秀人才往往差距不小。所以中国理工科的学生在美国找工作很容易，技术扎实，老板觉得很好用。可是要真正有领导力和创新力，能够在行业里做到领袖位置的人，非常少。

我12岁的小儿子暑假在美国参加了一个夏令营，五个孩子一组进行辩论，这五个孩子各自担任CEO、CFO、CTO等，两周后做一个Presentation。孩子从这个夏令营回来之后，知道怎么算账，怎么设计一个项目等。现在孩子的条件好，能很早拥有这样的训练机会，而这些都是我20多岁到了美国后才补的东西。

回想起来，我们当初全家回国有简单清楚的目的：除了工作之外，我们希望孩子们多学些中文，多见些国内的亲戚朋友，了解中国文化。我们想看看奥运，游览中国和亚洲名胜。美国的生活舒适，但缺少新意。我们夫妇想趁孩子还小，过几年不一样的日子。

但是我们在中国的历程却和当年所想的很不一样。我们在这里长期住下来了。我不再觉得孩子在上大学前需要到美国去读书了。因为我慢慢想明白了，这个世界上没有完美的学校，每种选择都有它的利弊。

我和周围的朋友们，几乎每次的话题都是孩子的教育：去中国学校？国际学校？双语学校？什么才是真正的双语学校？英式的和美式的，哪个好？中文到底有多大用处？国内的应试教育，我的孩子能受得了吗？国际学校是不是成天玩儿，数学是不是太简单？他们怎样才既不成为狭隘的中国人，又不成为狭隘的美国人？

我的大儿子Colin八岁刚回国时，进了北京的某国际学校。老师是从加拿大来的，课教得挺好。可是同学中很多韩国人，他们不会说英文，孩子回到家居然偶尔蹦出韩语，我意识到这样的语言环境不好，在儿子读小学四年级时转到了某英国国际学校。英式教育比美式教育更有体系，有课本，家长也能够清晰地知道教学体系是什么，老师管得比较细。比如他们有一门"设计技术"的课，这门课是让学生用一个学期的时间，做一样东西。比如，有一个学期Colin做了一只盒子，另一个学期他做了一只木制的小船，首先每个孩子想好并写下来他的盒子将来是有什么用的。比如Colin选择做一只将来能装昆虫的盒子，有的女孩可能用来装首饰。第二步是设计。装昆虫的盒子盖子设计成透明的，选用一种透明的塑料。下面则是木质。木制的三边有一个槽，盖子可以滑进滑出。这一步孩子要画出盒子的设计图，包括规格和各方向的透视图。然后他们选料，用车床工具切割打磨出盒子的各面，并粘合成一。然后是几次的涂漆和抛光。下面是外形装饰，可以画图刻字。做好后，还要做市场：每个孩子要讲他的产品有什么用，谁来用，为什么好。

Colin每学期设计课上做的作品，都是非常精巧，工艺毫不逊色的上好的商品。他们的每一步，都不着急，讲透，做精。我曾经和Colin的设计课老师有过一次长谈。我在微软做了多年产品经理，他这门课正是一个缩小了的产品流程：从想法到设计、工艺、制作、反馈、市场，每一步都做得很精细。所以我特别认可这门课，中国孩子缺乏的就是做一个完成的产品，缺乏真正的项目经历。

我另外一些从国外回来的朋友，在为孩子选学校时，会做完全不一样的选择。比如有的让孩子进入清华附小，希望孩子体验一下中国的公立学校。有意思的是，本来我这个朋友对孩子的成绩没有要求，可是进了中国的公立学校，他作为家长就很快扛不住了。因为学生每次考试都要排名次，每次课堂作业也要公布前三名，给家长发信息。我这个朋友对我们说：他真的不在乎孩子成绩，可是学校里天天排名，如果孩子不去争取，岂不是连自信心也没有了？于是他开始对孩子说：你要考第一。

这个小孩初中毕业后回到美国，第一年过得很不适应。因为中国的学校天天排名次，老师管得特别细，而美国学校里没有统一的评价标准，每个个体都觉得自己不错，一个学生是否受欢迎有多种因素，谁也不在乎其他人怎么样。而在国内教育环境下长大的孩子习惯了目标明确的生活。原本这个小孩因为成绩好在国内受到宠爱，现在一下子失去了优越感。

这也是中国式教育的弊病。那种因为外在压力而学习的孩子，一旦周围压力消失了，他们往往容易失去学习的动力。我就是这种教育体系里出来的，只是如果说中国的教育体系里，学习就像打仗一样的话，这一仗我打赢了。如果我打输了会很惨。可是等我长大了，见了更多的世面，有了更丰富的经历之后，我才意识到，我打的这个仗本身可能就没有多少意义。人生不是一场竞赛，成长更不是一场竞赛。

我养孩子的动机不单是为了给社会培养一个人，而是享受我和孩子18岁独立之前共处的时光，这是我生活中非常重要的一部分。孩子的成长不是说家长选一条最优化的道路，然后设定好自动程序，他这一生就会很顺了。

我们需要有耐心，去容忍甚至享受成长中那些目的性不强的时光。比如国际学校的孩子自己排练节目表演，表演之前经常显得有些混乱，有孩子急急忙忙整衣服，有的抓头发，有些表演好像不着边际。但这个其实就是孩子的天性，很真实。公立学校的孩子在国内确实显得很强，不管是做题目还是表演特长，只要是有指标的事情就显得很突出。可是人生不是按照指标来的。我觉得西式教育培养的孩子会走得更远。很多清华毕业的优秀学生在硅谷做工程师，上面永远有几层老板，那些能够突破技术层面的卓越的人比较少。对于那些有明确标注的行业，中国人很容易拿第一，因为这些事情是靠反复训练能够达到的。但是对于导演、CEO这些充满创意的事情，世界上顶尖的人里边，中国教育体制培养出来的人比较少。真正的社会是个复杂系统，并不是靠单一重复训练某项技能而成功的。

西式教育没有明确的标杆，它关心的是孩子的发展，而不是分数的高低。家长很多时候不知道孩子是好还是不好，有些家长担心等发现孩子不好的时候，已经晚了。可是学习不只是一场竞赛，也不是人生的终极目标，它只是一个手段而已。家长应该参与孩子的成长，多与孩子聊天，熟悉他做的事情和所处的发展阶段。在孩子小的时候，保护孩子对知识的兴趣非常重要，也要让他广泛接触不同的领域。

不过我注意到现在的国际学校里，有了越来越多父母赴美生子的孩子。以前国际学校的家长绝大部分是外国人或者在国外留学回来的人，英语没有问题。现在随着赴美生子的那些孩子长大，国际学校的家长们不再是真正有在国外长期生活经历的人，不少家长完全不能与校方对话，所以参加活动比较胆怯，也没法与孩子进行深入沟通。家长如果希望孩子具有学习精神，自己也需努力跟上时代的变化。

老大老二性格迥异　她们适合不同的教育

　　当父母养育了不止一个孩子后，他们才开始发现，孩子的天性对于一生成长多么重要。同样的父母，同样的后天环境，但是兄弟姐妹之间有可能差异明显。这也从某个角度提醒中国的父母们，我们不要因为过于看重后天的教育，而忽略了孩子的天性。

不同的俩孩儿

　　我有两个女儿，老大 8 岁，老二 6 岁，两个孩子相差不到两岁，却性格迥异。我家老大特别争强好胜，她是那种如果不拿第一就达不到心理平衡的孩子。比如幼儿园里孩子们玩拍球，有的孩子能拍 10 个，而她刚刚接触这项活动，发现自己只能拍 5 个。老大回家就天天拍，而且放出狠话："我要拍到 50 个"。她在学钢琴试唱的时候发现自己唱歌跑调，就要求我给她报个唱歌的班。她个子比较高大，运动好，性格豪爽，在同龄小朋友中很容易成为小领袖。

　　我的二女儿是特别小女生的孩子，说话声音小、娇滴滴的，个子也比较娇小。老二还不会说话的时候，大家会不自觉地逗老大玩，忽视老二。老大又喜欢争第一，听不得别人夸妹妹。我想是不是因为老二从出生开始，就永远有一个姐姐处处比自己强，所以使得她对自己的定位，就不是争第一的那种。我们有时候也琢磨，为什么两个孩子性格这么不一样呢，是不是出生顺序在很大程度上影响了她们的性格？老大由于体能和智力上的优势，会在出生头几年得到大人比较多的关爱和注意，老二潜意识对许多事情就会有些退缩。

养了两个孩子的父母，可能对孩子争宠的感受很深。特别是两个孩子年纪接近，什么事情都要争一争。有时候她俩闹得厉害，我就让她们在墙角里，互相手拉着手站着，看着对方。什么时候她们想和解了，再来告诉我。我总是说："父母只是陪你们一时的，你们两个才是能相伴一辈子的"。我觉得兄弟姐妹之间的关系是有调整期的，她们会由互相争夺到针锋相对，再在青春期时成为亲密无间的小伙伴，孩子们在互相适应对方的成长。

2014年夏天，我带两个女儿去美国参加夏令营。大女儿非常勇敢积极，虽然她也提到，游泳的时候要光着脚走到泳池边，地面被太阳晒得特别烫，很难受。大女儿会跟教练沟通，然后教练往地上泼点水降降温。大女儿对于竞技型的事情很感兴趣，她会从这种竞争当中获得满足，很有成就感，所以地面烫脚对她来说是小事一桩。可是二女儿就很在意这件事情，为此不愿意去游泳。有时候不出太阳了，二女儿又说：今天刮风了，我不想出去，会流鼻涕的，就又放弃了一天的运动。

一个上公立 一个上国际

大女儿上的是纯英文的英式幼儿园，她写英文作业时，我忍不住注上中文，希望她保持对中文的兴趣。比如她写"swimming"，我在旁边注上"游泳"。结果老大一看就说："你看英文多简单啊，中文太复杂了，写都不想写"。我一想这样不行啊，她五岁半开始认字的时候，接触的是英文，所以觉得英文简单。到了老大上小学的时候，为了给她打好中文基础，我决定给她上附近公立的顺义某中心小学。

我们所住的顺义别墅区里，这里的孩子们要么上国际学校，要么不惜每天往返很长的路去城里的传统名校上学。我把大女儿送进附近的"村小"，在朋友中很异类。我觉得在国际学校里，学生的家境都很好，女儿会以为所有家庭都是住大别墅的，她接触到的不是一个真实的社会。我把她送进普通公立学校，也是希望她看到社会中的不同阶层，了解真实的社会是什么样的，这样以后她对社会的鉴别力才会强。我自己是北京实验二小毕业的，算是北京名校了，我老公是广州人，他小时候读的是家附近的普通小学，我真没看出我俩有多大区别。我觉得小学更多是一个传授知识的平台，说到育人方面，我认为家庭以及孩子家长的交际圈，对孩子的影响更大。

　　大女儿对于去了顺义这所中心小学，非常高兴，她是适应力很强的孩子。她原来英式幼儿园的班里，一个班 11 个学生。这所小学，一个班 45 个学生。我女儿兴奋地说："这么多同学太好了，我每天交 5 个朋友的话，能认识好多人呢"。她身体好，活泼爱动，老师觉得她在同学中威信高，让她当了班长。我女儿回来会讲她们班上一些事情："我们语文老师说了，他就是老大，语文老师在教室门口一出现，其他科目的老师就赶紧撤了"。老师的这种表述，在国际学校是不会出现的，但我觉得孩子在讲述这些事情的时候，也就是多了一些谈资，并没有好或坏的判断。我们家的经济状况不错，比班上绝大多数同学好，但我女儿毫无意识，说我们家住在平房（别墅），很羡慕她同学住在楼房里。我觉得孩子能有这份天真，很可爱。我女儿班上同学基本都是顺义当地的农民，这些年轻的父母往往把孩子交给老人，自己进城打工。所以我女儿提到，好多同学爸妈不在身边，有的是周末回来和孩子待一两天，有的更少。其实父母的直接关爱，比家庭经济条件对孩子的影响还重要。

　　我家老二原来也上的是那家英式幼儿园，后来幼儿园突然关闭了，我给她转到了一家双语幼儿园。老二是很恋家的孩子，不喜欢上学，从幼儿园回来就说这个对她不好，那个对她不好。她不喜欢分享，把自己的东西看得特别紧。我们告诉她，东西可以放在幼儿园里，没有人会拿走的，她不同意，所以每天带一个很大的包来去幼儿园。我有些担心老二对环境适应能力不强，也与幼儿园的老师交流，老师们说：Vivian很享受自己的空间，幼儿园一直读上来的几个孩子形成了一个坚固的小群体，所以Vivian和新来的两个女孩玩得多一点，但她表现出来的自理能力一点也不弱。所以我也安慰自己，不要太替孩子操心，老二在家里很娇气，在幼儿园比我想象的坚强。老二马上要上小学了，可是我考虑到她适应能力没有姐姐强，怕她突然转到公立不适应，所以先让她在这所国际双语学校读小学。

我家老大看起来很强势，老二显得比较弱势，但实际上两人各有特点，并不能说一个比另一个强。老大的特点是有爆发力，适合时间短、冲速度的运动；老二身体柔韧性好，适合需要耐力的运动。

所以老二学滑冰时，实际上表现出的潜力比姐姐更好。老二是比较安静的孩子，对于编制手工这些事情更有兴趣。我朋友提醒我，不要总是带着老二去参加老大的活动，两个孩子特点不一样，应该分别为她们开发适合的活动。我想想也是，我有一个朋友有双胞胎女儿，现在两个都考上了好的大学，姐姐学经济，妹妹学艺术。我想或许就是因为妹妹学艺术，进入了一个与姐姐毫不相干的领域，她更能够获得独立和自信。

两个孩子比较起来，老大显得强势能干，但我和她爸爸也更担心她。因为我们怕她面对挫折的能力不够，一味要强的人容易走极端，所以我们总劝她放松些。我们会经常劝解她：你不可能样样都行啊，你看你运动好、语言天分高、英文也好，这样就很不错了。可是老大争强好胜的脾气拦不住。现在社会变化很快，我们都不敢规划十年以后的事情。既然很多事情不在控制当中，孩子的性格养成才是最重要的，我们希望她们正直善良，能够面对生活中的挫折和喜悦。那些真正出色的人，绝大多数是人品也很出色的人。

成长笔记

第六章

爱好给予成长的力量

每个孩子兴趣爱好的选择可能有各种偶然因素，如果家长们能够尊重孩子的兴趣，这样的爱好就会发展得更持久。而一项能够激发孩子持久热情的爱好，使得家长和孩子都能终身受益。

"非主流教育"路上的双重挑战

走在"非主流教育"道路上的中国孩子面临着双重挑战：既要顺应国际潮流成为"完整的人"，又要和留在国内考场上的孩子一样具备应试上骁勇的竞争力。

从冰球开始

每个星期三的傍晚，王乃天都会和母亲一起，从位于城市北边的家里赶到城市东边的一个冰球训练场，进行三个小时的冰球训练。屋外已有初夏的暑气，但屋内却寒气逼人。一个半小时的室内训练需要穿羽绒服，一个半小时的陆地训练穿短袖还大汗淋漓。这样的经历，他们每周要重复三次。王乃天今年 13 岁，已经在这个运动上表现出了一些天分。他刚刚获得了 2013 年北京青少年冰球联赛的 MVP（最有价值球员）。在和冰球劲旅哈尔滨队的对阵中，他攻入了制胜一球。

一个中国少年脱离传统教育路径的故事，可以从冰球讲起。这项运动可能算是教育道路开始出现分岔的一个小小的旁证。首先，它有纯正的西方血统。在加拿大、美国社会里，冰球是一项社会认可度很高的运动，因此也是一门好的社交技能。世纪星俱乐部的冰球教练黄涛告诉我，很多家长让孩子从小打冰球，就是在为将来的留学生涯做准备，让他掌握一门进入新环境的社交工具。

冰球是一种极消耗体力的无氧运动，队员上场快速奔跑 1 分钟之内，脉搏便会达到 220 次，接近一名短跑运动员 100 米赛跑的运动量。冰球比赛可能是世界换人最频繁的集体项目。一名冰球队员不到 1 分钟便要快速下场换人。因此，很多为孩子选择这项高强度运动的家长，已经在知识之外，对孩子的素质有了更多的要求。

因为冰球是舶来品，最好的比赛、最好的场地、最好的对手和教练都在国外。能进入这项运动的孩子，有更多机会接触世界，也更有需要和条件使用英文。而且冰球训练的花费不菲。一双冰球鞋至少 300 美金，一套球衣至少 3 000 多人民币，还有球杆等需要经常更换的易耗品，以及培训费，一年的花费要好几万元。能为孩子的玩负担如此费用的家庭，大多有能力且愿意为孩子的教育付出更多。

总之，在中国，冰球运动与放弃传统教育之间有着微妙的联系。选择一个纯西式且小众、花费不菲的运动，就代表着父母选择了认同什么样的文化，并且具备多大的能力。小小年纪出国留学成为冰球少年们非常普遍的选择。一位家长对我说："看着一起打冰球的孩子一个个出国了，你考虑什么时候送孩子出去，是一件很自然的事情。"

王乃天也正走在这条非传统教育的道路上。他参加的这个冰球俱乐部的三位冰球教练都是外国人，两位来自芬兰，一位是在加拿大长大的日本人，两位负责体能训练的教练则来自美国。因此，球队训练时是全英语授课，甚至更衣室里队员们对话也自然而然地说英文。这似乎是这些生于 2000 后的冰球少年们更为自如的一种语言。大部分冰球少年的父母正在尽力让他们成为新一代的国际公民，语言上的蜕变已有成效。

王乃天现在就读于一所北京知名的国际学校，这使得他有足够的机会频繁在中西文化之间穿行。他参加了学校的合唱队，曾经穿着白色的绣一条龙的演出服在美国辛辛那提合唱节上演唱中国民歌。

他书房的陈列柜里，有无数冰球的奖杯、奖章、国际学校的教材、课案、中国的古典文学书，还有各种各样的原厂车模。里面他最喜欢的是一辆布加迪威龙。"它是世界上唯一的一千匹马力的车。从零到100公里／小时的时速只需要2.9秒就能达到，最高时速达到406公里／小时。"王乃天对我说。

王乃天的成长起点有着生于2000年后孩子的共同点：熟悉并热爱机械动力，迷恋速度带来的自由感。"在小学一年级的时候我就在家里看杂志，看杂志的过程中，我就知道车的原理是什么。我站在路边上看见一辆车一闪我就知道，那是什么车；看它的轮毂是什么样的就知道它是什么车了。每个车的尾灯都不一样尤其是在晚上，看车的尾灯亮的是什么形状的，就可以辨认出它是什么车什么型号。我认车的本事很多就是从杂志里看的，经常看就把这些车全都记下来了。"王乃天告诉我。

王乃天的父母有能力，也希望孩子能更与众不同。王乃天八岁的时候就上了卡丁车赛道，并因为在短时间内赛车成绩就排进了卡丁车俱乐部前10名，获得了父亲的奖励：一辆属于自己的卡丁车。父母还曾经带他去练习马术，"本来也要送给他一匹马，但他鼻子过敏，后来不得不放弃骑马，他还因此哭了一次。"

王乃天的父亲曾在一家国企工作时被派驻到英国、北欧等地。"我看到国外的孩子生活得特别快乐、阳光。我记得有一次在海边，看到一群孩子在老师的带领下，抬着一艘船下海，每个人的笑容都很灿烂。"这个场景留在父亲的心中并感慨至今。他希望自己的孩子也能如此健康、快乐。从幼儿园开始，王乃天的父母就坚决地让他脱离了传统教育体系，走国际教育的路子，希望他通过新的教育路径，找到父亲记忆中与外国孩子相似的"健康、快乐"，还要"学有所用"。

传统教育之弊

　　王乃天的家在比邻国家森林公园的一个高档小区。经济条件决定了他们是可以有更多选择的阶层。随着国门的打开，他们看得更多，选择也更多。家里房间的装饰大部分是西式风格。不管在生活上还是精神上，王乃天的父母都接受了西方文化。王乃天的幼儿园和小学前四年都在私立学校就读。"本来上小学可以去一所名校，但我的一个朋友的孩子去了那个学校。第一天开家长会，老师就对家长们说，进到这所学校，孩子的快乐童年就从今天结束了。"王乃天的父亲对我说。

　　这是传统教育体系内的一记警钟——孩子们开始进入一个充满着一连串激烈竞争的教育战场。这个战场的激烈程度，仅仅是耳闻就让很多家长望而却步。第一关是在小学升初中阶段。本来按照我国九年制义务教育的设置，小学和初中阶段不应该有这样功利的优劣淘汰，但由于很多名校为了在高考的竞争中赢在起跑线上，将更多好的生源纳入麾下，它们在小学升初中阶段就开始严格考试选拔，并辅以各种技能的考试：奥数、语言、体育、音乐……虽然教委有过书包减负、取消奥数等措施，但竞争的门槛存在，选拔的标准就不可能消失，这些禁令形同虚设。5月22日晚上，当王乃天和队友们上完冰上训练课程，应该转入陆地训练时，好几位在传统初中上学的队友提早退席了。"作业太多了。"一位父亲一边帮助孩子提着硕大的冰球用具包，一边摇头叹息着急匆匆往停车场方向走。

　　但王乃天的父母对传统教育不满的地方还不仅止于辛苦，更关键的是，他们认为传统教育是把学生的辛苦浪费在重复记忆和测试对现实并无价值的知识，把大量的时间花在没用的事情上。"我希望他能学点有用的东西。"王乃天的父亲说。他现在从事与贸易相关的生意，经常要与世界各地的贸易伙伴打交道。如何与对方快速沟通，提纲挈领地阐述清楚自己的意图、优势，并具备在陌生人面前演讲的能力，是他认为现实世界中必备的能力。但中国要求孩子谨言慎行，听从说教，单一思维、单一答案的传统教育很难给予孩子这样的能力，甚至连基本的健康都难以给予。

5月22日晚，最后有3名孩子留下来参加了陆地训练：先沿着冰场大楼跑5圈，再做50米往返跑，然后是垫上的起卧训练。徐刚（化名）是三个孩子中唯一一个就读于传统中学的，也是里面看起来最瘦弱的孩子。但他刚以体育特长生的方式通过了小学升初中的竞争，进入了北京市一所重点学校。"原来在学校，一周就两节体育课，一个班三四十个孩子，根本练不了什么。所以现在公立学校孩子的身体素质普遍不行，还出过学生长跑时休克致死的事情，后来连3 000米项目都给取消了"他的父亲对我说，"冰球队陆上训练的老师来了以后果然有用，这个孩子在体育方面的进步很大。他考体育特长生的时候，因为原来体育成绩不怎么样，我们还不敢报短跑，但后来一测试下来，他50米短跑成绩是7.2秒，专门报名短跑测试的孩子还跑了7.4秒呢。他的跳远也是第一。"

对很多男孩子的家长来说，传统教育中体育运动的势衰特别让他们难以接受。许强也是一位冰球少年的家长。他告诉我，在他们孩子所在的小学，低年纪的孩子甚至没有课间活动。"因为学校的操场就那么大，学生多，活动空间有限。为了怕高年级的孩子撞伤更小的孩子，就不让低年级学生课间活动。"

总之，每个决定走西方教育路径的家庭，都能说出一大堆传统教育的弊端：僵化、死气沉沉、对考试功利、对现实无用。因为竞争激烈，连教化仁爱的初心都所剩无几。陆涵阳（化名）就读于天津一所排名前五的学校，但他现在已经请假半年，来到北京培训TOEFL、SSAT等去美国上高中必须通过的考试。他刚从美国学校面试回来，说起所看到的中美学校的差距，他感触颇多。"一切都让我震撼。我记得带我们参观学校的是一位上海去的女生。她只有16岁，但待人接物的表现非常成熟。学生们的课堂讨论也很积极。可在天津那所学校，因为我们是借读生，老师更关注本校成绩好的学生，对我们不太理睬。课堂也很沉闷，上课谁回答问题，谁就会被认为是傻子。除非老师点名让几个成绩好的学生回答，一般人绝对不会主动举手。"罗新和妻子是这次带陆涵阳去美国面试的领队，也是孩子们在北京培训机构的创始人。虽然比孩子们更见多识广，但这次美国之行同样震撼了他们。"学校的设备条件非常专业。比如陶艺课，学校有非常专业的设备。还有激光打印机、3D打印机。如果学生需要什么特殊的零件，他可以先用电脑设计，并通过3D打印机做出来。"罗新的妻子对我说。她曾就读于清华大学美术学院，这是中国最好的工艺设计学院，但她认为自己大学的硬件还比不过这所美国的中学，"我感觉自己在大学里什么都没有学到。"

中国的传统教育正在受到越来越多的批评，并被越来越多有选择的家庭放弃。即便是在传统学校里就读的孩子，也会在中考或者高考时转向，参加美国的SSAT或者SAT。瑞典STS国际教育基金会中国区副总经理告诉我，他们正在做的一个课题是如何将中国公立学校的英语教材与TOEFL的考试要求结合起来。很多传统学校也接受了学生们中途转向的事实，甚至一些识时务的学校把学生的海外升学率作为学校的一个成绩指标，为学生参加"洋中考"或者"洋高考"大开绿灯。"我知道有一所名校规定，如果学生通过了美国学校的入学考试，但申请时需要公立学校的成绩，可以在日常成绩上加15分。"罗新对我说。

跨越两套体系

在罗新的手机上，有一套美国顶级高中 PHILLIPS EXETER ACADEMY 对申请入学者的要求：智力上的好奇心和对于学术严谨的欲望；强烈的个性；热爱在多样化的团体中生活；愿意参与对话，也愿意做一个积极的倾听者；欢迎成年人的陪伴；在群体环境中是一个合作性的成员。自控的学习习惯，组织能力，时间管理的技能；热爱阅读和写作。强大的数学能力；学习古典或现代语言；在校内或社区里参与并投入于课外活动。

罗新毕业于清华大学，可以算是传统教育体系下的胜利者。但对照美国顶级中学对优秀学生的定义，他认为中国传统教育体系下的孩子"几乎一条也不符合。""反观自省读中学时的我，至少以下素质是需要提升的：强烈的性格、在群体环境中是合作性的成员、组织能力、在校内或社区里参与并投入于课外活动，对一个中学生而言，这些素养比学业更成功、更重要，因为它们关乎你是否是个完整的人。"

2009 年，罗新和妻子创立了自己的教育机构，给赴美留学的孩子提供SSAT、SAT、TOEFL等短期培训，并提供包括长期语言养成、英美经典文学及时文阅读、批判性思维培养，甚至中英文书法在内的学习。中西教育的偏重各有不同，所有生在中国又希望走国际教育道路的孩子，都必须跨越两种教育体系之间的种种鸿沟。其中的差别既有知识上的，也有程序上的，需要付出的时间、精力和辛苦，并不比在国内传统教育内的竞争轻松。

王乃天的父母比较早就坚定地让孩子走国际教育的路。他们曾在中文教育与英文教育之间稍有徘徊，因此孩子小学四年级前就读于一所私立学校，介于传统公立学校与国际学校的中间地带，老师大部分由中国人担当，教学内容也依照教育部颁发的教学大纲。"虽然我们规划他将来一定要出国，我们也希望他能多了解一点中文。"
但很快一次出国旅游改变了王乃天父母的想法。"我们去加拿大旅游，
发现他根本开不了口，不能和当地人用英文交流。我们想与其两种
语言都掌握不好，不如专心学一种语言。"小学四年级后，王乃天
转入了一所全英文教学的国际学校，并在校外接受了一段时间的一
对一英文培训。语言是王乃天父母讲述起来唯一一次在教育道路上
遇到的挫折，也是众多西进道路上的中国孩子最难逾越的障碍。

　　而对更多出发更晚的孩子来说，语言的学习是一个推倒重来的
过程，是对以往所受英文教育的全面否定。陆涵阳来到罗新的培训
机构时，他经历了近半年的准备期。每天早上七点多，他就要起床
晨读英语，晨读录音会有老师打分，分析他的发音错误。他在天津
那所排名前五的学校里成绩中上，最好的时候进入过前 100 名。如
果要在当地的传统教育体系内往前走，这已经算具备竞争力的成绩。
但为了去美国读高中，他必须从音标开始重头学起。罗新给他的课
程甚至安排了中英文书法。"现在的孩子经常用电脑，很少手写。
他刚来的时候，写的字像蚯蚓爬。但如果想申请国外的好学校，一
手漂亮的英文是可以增加印象分的。"除此之外，他每天的时间主
要用于英语的时文阅读，分析句子的主谓宾结构。除了下午约两个
多小时的运动时间，陆涵阳几乎所有的时间都用于重新接受系统的
英文教育。这样的前期准备用了 5 个多月，然后才开始 2 个月的考
试培训。"每天大量的做题，做卷子。"

　　语言不过是第一座要翻越的高山。是否培养一个完整的人，是
罗新和妻子认为中西教育的最大差别，这不仅意味着孩子掌握技能
的多少，还有人格、心性的成熟，涉及一整套思维方式的变化。为
此，想脱离传统教育的孩子和家庭要付出的还有很多。王乃天所在
的国际学校采用 IB 课程，它着重培养学生的分析、逻辑推理能力，

课程难度比较大，是国际文凭组织为高中生设计的预科课程，北美、欧洲的许多名校都乐意接受 IB 学生申请入学。王乃天所在的国际学校从初中就开始学习这个课程。西方教育作为传统教育的参照物，经常为人称道的是它没有唯一标准答案，给了孩子更多的思考空间，有助孩子的思维活跃和创新。王乃天的作业几乎都是以阐述和证明的方式完成的，最具代表性的是 PEEL 答题。P 指的是 POINT（观点），E 指的是 EVIDENCE（证据），L 指的是 LINK（与观点的首尾呼应）。几乎每一道题就是一篇有完整逻辑链的小论文的架构。

人文课是另一个国际教育与传统教育区别的地方。人文课程范围很广，一会儿要学习美国印第安人的历史，一会儿又要了解世界城市交通网络的布局。几乎所有的观点都必须原创，而所有的证明资料也必须经过理解后的转述。每次作业后都要求列出引用资料的网站，老师会去网上核实，如果发现抄袭会被取消成绩，王乃天就曾经因此被惩罚过一次。因为作弊和抄袭是所有精英教育的禁区。

王乃天的书房柜子里有一个蓝红斜条的木箱，这也是他的一次作业——手工制作一个装 CD 的箱子。为了制作这个木箱，王乃天准备了一叠厚厚的资料。先是查资料选择箱子的材质、形状、木头的长宽、如何使用钻头、电锯等，至少做好了三个备案，然后取其中一个，并阐述自己的理由。所谓教育出"完整的人"，就是不仅学知识，还要学生活的技能。陆涵阳在培训机构做入学美国的准备时，除了每天英语和考试的培训，还要每周去练习街舞、学习吉他、健身。

双重挑战

王乃天告诉我，在所有课程中，他最喜欢的是人文，让他了解更广阔的世界，也给他很多思考的空间。他最近刚完成了一个人文作业，是以自己喜欢的一位名人制作一份杂志。王乃天挑选了 NED

–KELLY。这是传统世界史教育不会触及的人物，一个澳大利亚的绿林英雄式的盗贼。王乃天从学校澳大利亚籍的英语老师那里听说了这个人物，为他以侠犯禁、劫富济贫的故事所打动，便以他为主角制作了自己的这份杂志。"NED KELLY 是一个 FOLK HERO。他生活在 18 世纪初，那时候政府是由非常有钱的人组成，很邪恶。农民们的生活很艰苦，NED KELLY 抢富人的钱分给穷人。我喜欢他，因为他勇敢、爱人民、喜欢自己的家庭、对母亲特别好。"

王乃天中英文混杂着介绍自己的作品。他把 NED KELLY 帮助民众之举形容为"像雷锋一样""他和警察在街头打架，并做了一套钢的盔甲，和警察展开枪杀。" 他的父母不时在旁边纠正他的表述不当："雷锋只帮助人民，可不会抢别人的东西。""和警察之间不能叫打架，应该说对峙。""不是展开枪杀，是枪战。"……

"他的中文表达有很多不准确的地方。"王乃天的父亲对我说。这是他们选择国际教育后的一个代价。"我希望他能有时间多读点书，但他的时间太紧了。"王乃天的课程时间表从每天早上到下午近 4 点排得满满的，中午只有一个多小时吃饭的时间，晚上同样有大量很难有捷径完成的作业。他很少在晚上 11 点前睡觉，最晚的一次甚至做功课到凌晨 3 点。课余时间，他的行程又被各种训练项目占满了，除了每周 3 次的冰球训练，他还学习网球，有时候打篮球，吹过萨克斯，每周有一次法语课，一次利用 ipad 查找学习资料的课程。还要学习机器人制作课程，编写游戏程序。因为父母最终还是希望他能进入西方名校学习，这意味着 SSAT(相当于美国中考)的成绩仍然很重要，虽然王乃天才上初一，就已经开始了 SSAT 的语法课外培训……

家长们希望孩子能进入国际教育体系，获得健康和快乐。虽然教育的结果诉求不同，但和主流教育的过程同样艰苦。对中国的孩子们来说，不管走在哪条路上，他们都逃不开族群的竞争。美国拥有全世界最丰富、设备最齐全的教育机构，这让它的高考成为世界范围的竞争平台。美国的大学会倾向选择不同族群中的优秀者。也就说，国际学生要进入好的美国高校，还是需要面临和同族人的竞争。对中国学生来说，因为中国人的庞大基数，这条路的竞争同样激烈。

5月26日，罗新带着机构里的四位刚被美国中学录取的学生进城游玩，算是一次放松。但第二天，他又要将他们送进SSAT的考场。这个考试已经没有直接的功利性目的了，但对他们训练思维能力仍然有用，即便在进入美国中学后，他们依然需要对这类考试勤加练习。"SSAT是衡量一个人将来做学术能力的考核，多考还是有好处的。"罗新对我说。他的机构在将这些孩子送入美国中学后，还会有相当多的后续服务，比如如何帮助学生在过于丰富的课程中做选择，如何分割时间给选修课和必修课。有很多家长选择孩子在美国的学校放假后，还会继续回到罗新的机构进行培训。对望子成龙的中国家庭而言，国际教育的道路既丰富又芜杂，走在这条路上的中国孩子，既要顺应国际潮流成为"完整的人"，又要和留在国内考场上的孩子一样具备应试上骁勇的竞争力，这是这些走非主流教育道路的家庭和孩子面临的双重挑战。

儿子迷上冰球 grit（韧性）比情商和智商都重要

这是一个家长陪着孩子练冰球的故事。嘟嘟妈通过儿子的经历，感慨于运动带给孩子身体和性格上的强大能量。嘟嘟妈认为，家长应该尽可能地让孩子感受运动的美好，而不要太看重现实中的回报。中国孩子往往很早就开始专项体育训练，反而可能进入误区。她建议家长通过引导孩子发展兴趣，动态地去感受孩子的性格特征，顺势引导。教育是家长一辈子的修行，它考验着家长们的耐心和智慧。

家长比孩子更难坚持

我儿子嘟嘟五岁半的时候开始学滑冰，当时我主要是考虑到北京的冬天冷，室外没有多少可玩的地方，想让他试试室内的体育运动。滑冰集体课学完后，慢慢地男孩女孩分开练习，一般女孩学花样滑冰，男孩开始打冰球。这一学不要紧，嘟嘟变得特别入迷，他完完全全找到了自己的兴趣所在，以前所未有的热情投入到这件事情里。

嘟嘟从性格上来说，不是那种特别随和的孩子，他对规则的意识很强，很容易静下心来闷头做事情。当他把心思集中在一件事情上时，别人很难影响他。这样的孩子比较倔强，比如在幼儿园阶段他学过一阵围棋，学得不错，也很喜欢，可是当我提出来带他去外边上围棋课时，他就是不愿意了，慢慢就放弃了围棋。我作为妈妈也勉强不了他。但是只要是去打冰球，他从来二话不说就会去。

中国孩子的专项体育运动往往开始得特别早。嘟嘟六岁开始打冰球，可是他的多数队友们是从四岁就开始的。嘟嘟一开始比其他孩子打得差，但是他坚持下来后，进步很明显，慢慢地他感受到了自信。嘟嘟现在打了三年多冰球，孩子这种通过自己努力获得的自信，比起外部社会给他的表扬，对性格的影响要深远得多。

我觉得他通过打冰球，感悟到一个人有没有天分不是最重要的。他开始打的时候，有好几个比他有天分的孩子，可是有些孩子进步不大，有些放弃了这项运动，嘟嘟的水平明显在团队中上升了。所以他对自己的进步感到欢欣鼓舞，他知道自己通过努力可以达到目标，也明白人生没什么捷径可走，勤奋比天分更重要。我非常感谢冰球，运动能让孩子建立发自内心的自信。

冰球是集体性的运动，你一旦不能坚持，水平很快就退下去了。所以这种集体运动会在某种程度上要求孩子发挥自己的最大能力。而个人项目的体育运动，教练会根据每个孩子的个体制订训练计划，对体能的促进反而比集体项目慢一些。嘟嘟练冰球以来，身体素质提高很快。最近他们学校进行体能测试，他的各个项目基本上都是满分。

嘟嘟对冰球的感情，我想可能与他的启蒙教练也有关系，这位教练带了他三年，他和教练的脾气很对路子，他非常喜欢这位教练。孩子如果在情感上有一个亲近的启蒙教练，会使他更愿意投入这项运动。

打冰球是一项很艰苦的事情，它对家长的考验，比对孩子的考验还大。孩子们如果有兴趣，打球对他们来说是一件快乐的事情；可是家长们要付出大量的时间和精力，才能在这条路上陪着孩子走下去，不是每个家长都能坚持下来的。曾经有一位妈妈这样写道：如果重新回到孩子打球启蒙时期，我们在知道会有如此多难以想象的压力和付出时，会选择不走打冰球这条道。因为对于家长而言，付出的实在是超乎我们想象……有多少家长每周揣着矛盾而纠结的心情，拉着球包奔赴冰场。

每次训练我们都得提着大大的装备包，来回跑。冰场很冷，所以我家车里长年备着羽绒服。打冰球也是一项投入不菲的运动，一套装备一万多，孩子总得换装备，训练需要包大冰场，另外去各地比赛花费也不少，总的说来一年需要投入十几万。所以能否帮助孩子在梦想的道路上一点点前行，对家长来说是个巨大的考验。

教育不要功利化

我的个性是那种比较随遇而安的，不会去刻意计划人生每一步该怎么走。我从小不太听父母的话，父母对我管得少，我去美国读大学时，我爸爸把我领到报到的地方，就再也没管过我。我凭着自己当时蹩脚的英语，也把各种事情做顺了。

所以我对于教育很少纠结，觉得顺应孩子自己的感受很重要，他不喜欢做的事情，你很难去强迫。我儿子没有在课外学英语，我和他爸爸英语都很好，但我觉得在缺乏语言环境的情况下，学英语是件效率很低的事情。他也没有上奥数班，奥数班曾经在中国非常流行，但是这几年家长们看淡了很多，意识到这应该是少数有数学天赋的孩子学习的东西，而不是一个多数人去发展的特长。

现在嘟嘟找到了自己的爱好，第一是打冰球，第二是在学校的乐团里吹萨克斯。我觉得对于孩子的教育，千金难买愿意，他愿意去做的事情，很容易做好。嘟嘟爱上冰球之后，我们和他聊天的内容大大丰富了起来。他想知道美国冰球职业联赛是怎样运作的，想知道球员转会有哪些规则，关注冰球裁判这个职业怎样。孩子把冰球作为一个媒介，既是他兴趣的承载，他又通过这个载体在探索更广阔的世界。有时候他情绪不高，但是只要我们跟他聊起冰球，他马上就兴致高涨。我也会跟嘟嘟说你即使以后不打冰球了，也可以去当裁判或者管理球队，还可以当解说员，这里边的空间是很大的："这些都是我以前没有预料到的由一项体育运动带来的好处。"

可是在中国教育环境的压力下，随着孩子年龄的增长，打冰球的孩子越来越少。打球是非常耗时间的。一周要训练三次，每次训练时间加上路上的时间，半天就没了。在冰球联赛开始后，比赛时间往往不确定，这样就得把时间空出来，等待可能到来的比赛。所以一些孩子学到10来岁时，很可能会放弃冰球。家长更希望他们多花时间在学习上，或是其他比较容易加分的特长上。现在北京青少年的冰球联赛，到了初中就基本组织不起来了，因为坚持打下来的孩子太少了。

最近我带嘟嘟去台北参加了冰球比赛，感受特别明显。在小年龄组的，内地的球队占绝对优势；到了12岁年龄组，内地和港台的水平基本持平；到了14～16岁年龄组的，港台队就开始超越了。

内地的孩子开始专业体育训练非常早，可是港台或西方教育里，孩子在10～12岁之后才进行专业训练。从生理发育上来说，年纪小的孩子应该花精力进行基础训练，主要培养孩子的弹跳力、爆发力、柔韧性和协调性，而不是专门训练某项技能。其中柔韧性练习非常重要，国内许多高水平运动员到了一定的水平后总是容易受伤，主要原因就是专项训练开始得太早，基础打得不牢，韧带总出问题，最后影响运动生命。

而在西式教育理念里，孩子 12 岁以后，身体经过二次发育，才能看出来是否真的适合某项运动。所以西式教育里，在 12 岁之前让孩子广泛地接触不同运动，多参与多玩，保持对运动的兴趣。待到运动基础打好了，身体条件稳定了，再进行专项训练。

可是国内家长投入一件事情普遍希望快速出成果，一旦孩子没有明显进步，就怀疑老师水平不行。一些与孩子升学无关的项目，或是没有太强展示性的特长，家长的热情就不大，觉得是在浪费时间。

教育是家长的一种修行

如果把孩子的一生作为一个标尺，我的感受是家长要不断地往回看看，再往前走走，不断根据孩子的状态有所调整。因为孩子的一生是未知的，也是独一无二的，不能只盯着眼前，也不能只盯着自己给他设定的那个终极目标。

我以前曾担心儿子的性格比较内向，不像小女儿那样喜欢热闹，那样容易让人喜欢。但是这个夏天他和另外四个孩子一起去美国参加夏令营，嘟嘟和另一个女孩表现出挺不错的适应能力，让我有些吃惊。嘟嘟没学过英文，但他一点不胆怯。

我暗自琢磨，是不是我儿子平时习惯了不用和别人把关系处理得很好，他反而能够勇敢地去面对新环境。这是他第一次去美国参加夏令营，持续三周。去的时候我就问他："你不怕听不懂英文吗"？我儿子说："没什么可担心的，只要能吃饱就行了"。多么让人舒坦的回答。所以我在想，家长不应该盲目地给孩子的性格贴标签，像我儿子这样对环境不敏感的孩子，有他的好处。孩子的性格在于你怎样看待，他在某处表现出来的缺点，用到其他方面可能就是优点。

四年前，嘟嘟面临上小学的时候，我参观了一所双语国际学校，发现自己不太认可他们的理念和教学方法，于是把嘟嘟送进了东城区的一所公立学校。儿子碰上了一个教学理念宽松而有耐心的班主任，很幸运。一些家长不认同公立学校的教育方式，但是从我儿子的经历来看，我觉得还不错。公立学校一个班级40多个孩子，老师给每个孩子都投入比较多的关注，我认为是不现实的。老师也会在家长的微信群里，发一发这次考试班上90～95分多少人、95分以上多少人等等，我也不太反对这种做法，我觉得孩子应该清楚自己在群体中所处的位置。我儿子成绩中上，性格上属于不让人烦的孩子，他对别人是否关注他不是很在乎。

我觉得家长群体的要求也很不一样，有的希望老师严格甚至严厉，有的认为越放松越好。这种分歧也使得一部分家长很难被满足，什么样的教育方式，他们都会有不认同的地方。所以家长们其实也需要不断反省自我，调整自己的心态。

美国的中产阶级现在也是比较纠结的，对于孩子的出路比较担心。因为随着科技的发展，中产的职位逐步被替代，而未来社会的阶层固化很可能会更加严重。但是我现在反而不焦虑，因为社会发展太快了，杞人忧天没什么用。我们读大学时曾经热门的专业，现在很不好找工作了。我作为家长现在认为正确的东西，怎么就能保证孩子长大了还正确呢？所以与其去追逐热门的东西，不如让孩子做有兴趣的事情，有兴趣的事情是对孩子的性格养成有帮助的。现在美国人开始强调 grit，它是指一个人基于兴趣而产生的韧性，科学家研究发现，grit 对于一个人的成长，比单纯的智商或情商都重要。

嘟嘟跟我说："我以后要进美国冰球职业联赛"。我心里清楚，以他作为亚洲人的身体条件，几无可能。可是他有这个梦想是件多么美好的事情，哪怕他达不到目标，他也能体会到追逐梦想是一种什么样的感觉，相信这种感觉会陪伴他一生的！

成长笔记

第七章

我们能给孩子的成长留出缝隙吗?

童年给孩子的快乐以及日后滋养一辈子的记忆，或许正是生长缝隙中那些悠闲而漫无目的的时光，那些溢出规则之外的惊喜。家长们与其给孩子计划好人生的每一步，不如相信你的孩子所具有的自我延展能力。让孩子在成长中有"饿"的时候，别丢失他们塑造自我的可能。

家长何不给自己制定一个教育准则？

中国家庭为了孩子教育，似乎宁愿付出一切。一些妈妈成天盯孩子、陪孩子，爸爸对于养育孩子的责任缺失，在家庭里也没有多少发言权。有些妈妈独自一人带着低龄孩子去海外留学，爸爸留在国内挣钱。一些北上广 80 后的工薪阶层，拿出家庭收入的一大半交学费，硬是挤进国际学校。家长们努力付出，却又为自己选择的道路感到忐忑不安。越来越多人在寻求背离传统的方式，也有越来越多的家庭在关注西方的教育方式。可是在对每一条新的教育方式的探寻中，家长们又会遇到各式各样的新问题。

当家长茫然于各种教育选择时，其实需要冷静地给自己制定一个教育准则。

比如最基本的准则：家长们衡量一下家庭的经济情况，会缩小自己的选择范围。近两年国际学校异常火热，甚至比一些公立名牌学校还难进。我们在采访中了解到，一些 80 后家长，即使家庭收入有限，也要拿出绝大部分收入让孩子挤进国际小学。但是国际学校是一条漫长的"烧钱"道路，除去学费，还有各种昂贵的游学、补习费用。正如一位采访对象提到，当家长为孩子投入的花费过大时，家长很难心态淡定，只会给孩子更大的压力，希望付出的金钱有回报。而国际学校对接的去国外上大学，也是一笔不菲的花费。所以经济条件不足以从容支撑的家庭，还是慎重选择。

选择什么样的教育方式，在某种程度上与经济条件相关。但是除此之外，这种选择也与家长的价值观高度相关。家长们不妨问问自己：

一、你认为什么样的人才能在真正的社会风潮中历经起伏，不管生活境遇是否顺利、内在自有安静从容呢？

二、如果你为了孩子挤进一所名校而拼尽全力，甚至影响到全家人的正常生活，值得吗？

三、如果你是位十分焦虑不安的家长，总是对现状感到不满足，你的孩子会成长为从容而快乐的人吗？

四、很多家庭认为学习英语十分重要，希望孩子能够不带口音地挤进欧美社会。可是我们看看那些在欧美获得成功的人，人们注重的是他们说话的口音，还是更在乎他们头脑里的见解呢？

五、天分与努力之间有着怎样的关系？当家长抓住孩子早期展露的一点天分，不顾孩子意愿而强加培训，是不是反而在扼杀孩子的天分呢？

这些问题没有统一答案，也不应该有任何统一的答案。它们只是试图去提醒焦虑的家长们，放松和从容一点，你们最了解自己的

家庭状况和孩子特点，没有一个模式会让所有人都变得优秀。

如果孩子在长大后能有物质保障和获得尊重、社会认可，在与自己能力相符的阶层里，应该就是这个孩子能得到的快乐生活了。在实际的社会风浪中，那些综合素质和思考能力强的人才是比较容易冲破壁垒的人。一个人或许并不是在社会中爬得越高越好，而是稳稳当当站在与他能力相符的位置，更容易获得满足。

对于一个家庭来说，改变自己的物质条件并不容易，但是家长们改变自己的精神世界却并不难。在互联网时代，任何人想要获得自我充实的材料都是十分容易的。所以在为孩子选择什么样的教育问题上，家长能否把孩子当作主体，全面衡量家庭情况，在现有条件下做最优的选择，或是会有最恰当的收获。我们所提倡的也是希望家长们卸下焦虑，好好帮助孩子来守护他们最宝贵的精神胚胎期。

人类精神胚胎期——何种童年值得守护

　　童年通常承担着"为未来生活做准备"的重任。在孩子童年时对其进行智力、体力、知识的训练，被认为是一种负责任的远虑，保护孩子在将来的激烈竞争中不致落败。但如果孩子能在幼年时感受过发自肺腑的深刻快乐，他可能建立了一条与未来的精神通道。虽然记忆里只是片刻，但那种淋漓尽致的快乐让人在多年后即使身处最低谷，也有一种免于崩溃的力量。

　　那是个蝉声高唱的午后。天气应该很热，不然也不会想去那个林业局的山头，一个西南小城中树木最茂盛的地方，五岁的我和一群差不多大小的孩子发现的"秘密花园"。这天的玩法是扯树林里麻绳粗的树藤缠在两棵树间做成秋千。树藤粗糙僵硬，最后制成的秋千松松垮垮垂在离地面很近的地方，必须有一个小伙伴在身后助推，秋千才能启动。但就在那个记不清年月的夏日午后，秋千越荡越高，我记得自己几乎倒立起来，脚尖碰到树梢，发梢扫过地面，感觉像飞起来了。树林很安静，只有树藤摇晃时与粗糙的树皮摩擦的"吱呀"声，还有孩子快乐的尖叫。

　　这是记忆里最淋漓尽致的一次快乐。蒙台梭利分析儿童一些重要的精神时刻，第一次提出"皈依"的概念。她描述一群大地震后幸存的孤儿，沮丧、沉默、冷淡、难以进食和睡眠。但在一个有宽敞庭院、宽阔走道、金鱼池塘和美丽的花圃的儿童之家中，在一群修女精心、温和的教导下，这些儿童找到了皈依。"他们到处跑和跳，或在花园里提东西，或把屋子里的家具拿出去放在树下，既没有损坏它们，也没有相互碰撞。在这整个过程中，他们欢快的脸蛋上呈现出一种幸福。"当时有一位意大利著名的作家评论说："这些儿童使我想起了皈依宗教者。再也没有比征服忧郁和沮丧使自己上升到更高的生活层次更不可思议的皈依了。"

我也愿意把在秋千架上不足为外人道的喜悦理解为一种皈依。蒙台梭利认为不幸的儿童摆脱悲哀和放任是一种精神更新，但对更多没有遭遇巨大痛苦的普通孩子来说，能够与环境和谐相处，并在平常中遇到比以往更深刻的快乐，也是一种精神更新。通往物我两忘的专注的幸福可不容易。回想我们站在那架树藤制作的秋千架之前，首先要翻过一堵约 2 米高的墙。一群 1 米多点高的小孩像蚂蚁搬家一样，先找一堆界面相对平整的石头垒在墙角，相互推举后爬上墙头。然后颤颤巍巍地站起来，沿着墙头走好长一段路，找到离墙最近的一棵粗细适中的树，猛地扑过去，抱着树干滑到墙的另一侧，才能到达那浓荫蔽日、隔绝人迹的秘密花园。每一步都考验着一个学龄前儿童的体力、观察力、想象力和勇气。更重要的是，在这群小人儿按照自己的想法，笨拙缓慢地征服障碍前进时，没有横空飞来成人的怒喝："危险，停！"

因此，要到达那秋千架上的片刻欢愉，还必须有更多天时地利的铺垫。那是 20 世纪 80 年代初，大规模的工业化尚未开始，很多城镇还保留着依山傍水的格局，山林触手可及，乡村尚未凋敝。我们所在的那个西南小城，风景平常，但也有青绿色的沱江绕城而过，江边是连绵的绿色稻田和山坡，坡上有各种不知名的花草野果。城里没有车马喧嚣，父母似乎也放心让孩子去山野独立探险。我们可以趁夏季水浅时，手拉手趟着近腰深的水去江中心的小岛，打着牛毛毡的火把去山洞深处找蛇的口水。这些独立的田野练习试探拓展着我们的能力边界，也是一次次情绪的试错。有自然中的秘密花园，有孩子的自治空间，积累了无数次快乐或无聊后，大多数小孩迟早可以遇到自己的皈依时刻。

以成人世界的价值衡量，这种快乐通常比不上又认识了多少个字，或者又背了多少首唐诗重要。童年通常承担着"为未来生活做准备"的重任。在童年对孩子进行智力、体力、知识的训练，被认为是一种负责任的远虑，保护孩子在将来的激烈竞争中不致落败。但如果孩子能在幼年时感受过发自肺腑的深刻快乐，他可能建立了一条与未来的精神通道。虽然记忆里只是片刻，但那种淋漓尽致的快乐，让人在多年后即使身处最低谷，也有一种免于崩溃的力量。因为当环境太糟糕的时候，曾经尝过的快乐会指引人有反抗的勇气和方向。我回想自己成年后称得上真正幸福的时刻，都与那秋千架上的快乐相似，这是 30 多岁的人生对童年的呼应。

这是个体化的童年解码，可能有过度阐释，还可能遮蔽得更多。蒙台梭利把 0 ~ 6 岁称为"精神胚胎期"，认为这段时间是人的敏感期——距离自己天性最近的时刻。但"精神胚胎期"只是对童年蕴藏着巨大力量和可能性的模糊认识。即便是这个最著名的儿童心理研究者，也承认对童年可能孕育的幸福和罪恶所知甚少，"心理分析并没有成功地探明童年这个未知的世界。它未能越过海格立斯的石柱，未能冒险进入这浩瀚的汪洋"。因此，当满怀爱意但缺乏耐心和观察的父母们讨论让孩子的童年快乐，守护孩子的天性时，大多数时候是在说一些力不从心的口号。对这片私密莫测的领域所知甚少，父母们就不明白避免打扰和应该保护的是什么，强烈但缺乏指引的爱意，甚至让家长走上一条南辕北辙的道路。蒙台梭利就这么警告过："人们对儿童心理上的创伤仍然知之甚少，但是他的伤痕大多数是由成人无意识地烙上去的。"

卢梭曾经指出过一条道路。他在育儿宝典《爱弥儿》中认为，12岁之前是理性的睡眠期，不能进行道德教育，也不能进行知识教育，感官和身体的训练才是重点。有三种教育共同作用于童年：自然的教育、人的教育和事物的教育。如果这三种教育在一个学生身上相互冲突，那么他所受的教育就不好，而且将永远不合他本人的心意。要想三种教育一致，自然的教育因为完全不能由我们决定，这种无法控制的教育就决定了其他两种教育。这里的"自然"指的是合于天性的习惯。由于孩子的节奏明显慢于成人，他对自己天性的探究看起来是缓慢、笨拙且无厘头的。如果成人根据自己的经验和节奏的习惯，认为孩子在做傻事而喝止他，可能就阻断了他通向皈依的路。蒙台梭利的观察也表明，成人的沉默和等待更可能是儿童天性萌芽的温床："儿童有一种特殊的内在活力，它能使儿童以惊人的方式自然地征服对象；如果儿童在他的敏感期里遇到障碍而不能工作，他的心理就会紊乱，甚至变得乖戾。"因此，"自然的教育"是一种消极教育——要阻止去做某些事情，让天性说话。卢梭把乡村设置为童年最理想的场所，大自然是"消极教育"最温和适度的老师，它不会对儿童呼来喝去。儿童凭自己的能力和情绪，决定来还是去，开始还是停止。这样的感官训练是真实的，而真实是通往皈依的敲门石。什么能欺骗孩子的心呢？

但有多少 21 世纪的父母能完全实践这样的乡村教育呢？城市化让自然支离破碎，密集的车流、陌生的人流，以及时常见诸报端的针对孩子的犯罪，让几乎每个受访的父母都判断，对孩子来说，这个世界是更坏了，即便是最大度宽松的父亲也说："绝不敢让孩子离开自己的视线。"缺少最温和适度的天然老师，丧失大部分的自治空间，孩子的童年由一系列和成人相处时吃饭穿衣谈话交往游戏的琐碎细节构成。每个父母守护孩子天性和童年的愿望实现多少，取决于一个个因人而异的技术问题：听从孩子的恳求，让他多玩五分钟 iPad 还是果断收掉？当他为某件志在必得的玩具流眼泪时，应该转过身去还是掏出钱包？当他攀爬比他高出数倍的山崖时，应该打断还是让他继续？

　　每个问题都存乎一念，微不足道，但它们累积起来就是孩子的童年。一位教育研究者说，和孩子的相处不是科学，父母不应当是科学家，而是艺术家。"艺术"是仲裁这些技术问题的分寸感中父母要努力保持纯真的那部分，以理解孩子，又要放弃肆意那部分，以成为一个公正的仲裁者。卢梭说，对孩子的童年，父母要阻止的比要加诸孩子身上的更多。现在更是如此。有太多的声音对孩子的童年发言：传统的远虑、商业机构、学校关于秩序和规则的训诫，还有家长自己的成见和焦虑。这是一个不断自省和自我否定的过程。在微博上，一位因育儿心得颇受关注的妈妈的签名是"做妈妈是一种修行"。还有一位父亲称这个过程是"一名普通父亲的自我救赎"。这真是沉重的偈语。可是，家长们要凭一己之力，涉险越过海格底斯的石柱，守护他又尽量少打扰他，这绝不是件轻松的任务。

　　这还是父母可以参与的部分，童年世界中还有更大的部分是需要孩子一个人走过的。我能记起孩子还不会说话的时候，漫长的午睡过后，他看着窗外即将西沉的太阳，脸上总有悲戚欲泣的阴郁；

进幼儿园时歇斯底里的号哭反抗后，认命的无可奈何又让人心酸的叹气；当他看到一大堆不认识的小孩在嬉笑追逐时，自己也快乐地迎上去却没有任何一张笑脸接纳他时，脸上那种茫然的神色。还有更多我们没有能力观察和解读的黑暗时刻。大部分时候，父母只能付出自己的时间和耐心，怀抱爱意地沉默和等待，等待孩子小小的身影自己穿过对外部世界的恐惧和障碍，接近自己童年的皈依。

后 记

　　我要给孩子选择一所什么样的学校？是让孩子进入我们家长都很熟悉的公立教育系统，还是让他／她去国际学校接受西式教育？或者是为了给孩子提供好的教育，不惜全家移民呢？今天当我们谈论教育的时候，很多时候谈论的是一种选择。在我的周围，有太多家长处在教育选择焦虑症当中。孩子的成长不再是一种天性和本能的舒展，而是像搭建数据模型一样，显得精准而回报明确。

　　而这种选择又配套一系列的价值观：当你把孩子送进公立学校，意味着家长和孩子将处于一种大集体中的激烈竞争，分数是这种竞争的重要依据。当你把孩子送进国际学校，意味着高昂的教育支出，你需要花数倍于公立学校的价格，才能在优质教育稀缺的环境里，购买一种被小心翼翼呵护的个性化教育。当你为了教育而举家移民时，你要考虑的问题还牵涉到家长的事业发展、对中文环境的告别，可能更大的经济支出、家长是否能履行照顾老人的义务等等。

　　所以好像在很大程度上，家长对孩子教育方式的选择，决定了家庭将进入一种怎样的生活方式。准备竞争公立学校的家庭，需要考虑是否购买学区房、去购买哪里的学区房，或者去寻找和建立公立教育体系里的各种关系。要走国际学校路线的家庭，一方面急于给孩子补习英文，一方面得看看自己持续支付高昂教育费用的能力。随着近几年国际教育的走红，进入国际学校本身，也成为一场竞赛。选择国际学校，意味着放弃国内高考，也就是说，"我家孩子是一定要出国读大学的"。而一旦让孩子脱离公立教育的"大部队"，家长们内心又会滋生出另一层担心："如果我的孩子在国际学校成绩不理想呢，如果他考不上国外的好大学呢，甚至说，如果他以后根本就考不上国外的大学呢"？

　　一旦进入了国际教育，它在某种程度上更像一座独木桥。一些家庭原本是为了给孩子宽松的教育环境而选择国际学校的，西式教育确实给了孩子足够的尊重，但是当国际教育进入高年级，学习的压力和竞争的残酷性，一点不亚于高考。

对于条件优越的家庭来说，可能并不在乎孩子的具体出路，不用去计较孩子到底是考上美国的常青藤，还是读了一所不知名的学校，他们在乎的是孩子在成长环境中得到公正的、启发式的教育。而对于绝大多数在乎结果的家庭来说，他们不得不去计算教育的投入回报比，每年一二十万的学费，在国外读大学本科四年的上百万费用，会使你的孩子与公立教育体系里出来的孩子，明显不一样吗？当我们去衡量投入回报比的时候，教育不可避免地成为一种产品，有人购买这种产品看重的是性价比，有人看重的是使用感受，有的人在乎的是使用效果。而你的孩子是否能成功，或者说是否能成为你希望他成为的那个人，和这种教育产品之间，又不能直接地划等号。

这也正是教育的玄妙之处，也是其残酷之处。种瓜得瓜，种豆得豆的古训，在这里未必有效。在一个人的成长过程中，没有任何人能否认教育的重要性，可是又没有任何一种学校，能够保证培养出来的学生都是一样地优秀。既然没有哪种教育体系是完美的，那么我们不管做怎样的选择，都有它的合理性。但是另一方面，这种模糊的空间，又成为很多家长焦虑的症结所在——选择了哪一种教育，都没有百分之百的安全感。

我和我的同事们、朋友们聊起这个话题，可以一聊就是好几个小时，而聊天的结果是，得不出任何明确的结论。或者说，教育本身就是没有明确结论的。我们作为上世纪六七十年代出生的人，受的就是大一统的公立教育。可是我们这群人并没有失去个性，也没有丧失独立思考能力，我们深知公立教育的不足，却也不觉得受害很深。

前段时间看见一位朋友在微信上说，从女儿很小，她就带孩子去过很多地方旅行。现在女儿长到十几岁，反而对于旅行兴趣不大。这位妈妈发现，旅行确实使得孩子知识面拓展不少，性格也很淡定。但是过多旅行让孩子"过早失去了对世界的好奇心。"这位妈妈说，"凡事皆有利弊，今年开始我要放慢节奏，调整方式，多亲近自然，甚至打算放弃自己的享乐主义，带她去老少边穷的地方感受一下"。物质条件不保证给你探索人生持久的动力。

所以没有哪种养育结果是父母精确测量出来的，成长本身的迷人之处，正是在于它的不确定性，那些既定程序里蔓延出的枝枝杈杈，它或许才是一个孩子寄托想象力与可能性的收纳之所。这正如我们童年时，时蔬按照一年四季的交替，缓慢而认真地生长。那些时令菜，就是要让人相思一年之后，才能再遇见的。而现在太多父母急于把孩子放进"蔬菜大棚"，希望她们完全不浪费"土壤肥力"，时时刻刻都在生长之中。而童年给孩子的快乐，以及日后滋养一辈子的记忆，或许正是生长缝隙中那些悠闲而漫无目的的时光，那些溢出规则之外的惊喜。所以，家长们与其给孩子计划好人生的每一步，不如相信你的孩子所具有的自我延展能力。让孩子在成长中有"饿"的时候，别丢失他们塑造自我的可能。

在这本书的采访写作过程中，我和陈晓要感谢段明辉介绍了众多的采访对象，也要感谢这些接受我们采访的妈妈们，我们与她们当中很多人成了朋友。本书中，郭思杨、王天艺、王曦三人分别帮助我们采写了一个教育故事，特此表示感谢。我们也要感谢此书的出版人罗晓老师，他不懈的催促和宽容的等待，才使得本书最终出版。欢迎所有对本书及其他相关话题感兴趣的朋友与我联系，我的邮箱是 wuqi567@yahoo.com。

吴 琪